体育教学与体育文化融合研究

王 乐 孟泓州 著

吉林科学技术出版社

图书在版编目（CIP）数据

体育教学与体育文化融合研究 / 王乐，孟泓州著
. -- 长春：吉林科学技术出版社，2022.11

ISBN 978-7-5578-9936-3

Ⅰ．①体… Ⅱ．①王… ②孟… Ⅲ．①体育教学－教
学研究②体育文化－文化研究 Ⅳ．① G807.01 ② G80-054

中国版本图书馆 CIP 数据核字（2022）第 202620 号

体育教学与体育文化融合研究

著	王　乐　孟泓州	
出 版 人	宛　霞	
责任编辑	赵海娇	
封面设计	树人教育	
制　版	树人教育	
幅面尺寸	185mm×260mm	
字　数	190 千字	
印　张	10	
印　数	1-1500 册	
版　次	2022年8月第1版	
印　次	2023年3月第1次印刷	

出　版　吉林科学技术出版社
发　行　吉林科学技术出版社
地　址　长春市福祉大路5788号
邮　编　130118
发行部电话/传真　0431-81629529 81629530 81629531
　　　　　　　　　81629532 81629533 81629534
储运部电话　0431-86059116
编辑部电话　0431-81629518
印　刷　三河市嵩川印刷有限公司

书　号　ISBN 978-7-5578-9936-3
定　价　80.00元

前　言

　　体育文化是文化的重要组成部分，人类在追求生存的过程中，以更好地适应环境为主要目的，使人们的生理需要、社会需要、心理需要得到充分的满足，体育文化在这个发展过程中应运而生。原始社会，由于劳动工具过于简单，为了达到征服自然改造自然、满足人类生存的目的，人类不断地提高生产、生活能力，革新劳动工具和劳动技能，但是这一切都是依靠人的自身活动来实现的。体育运动的产生不但满足了原始社会人们的多方面需求，而且还满足了人们正常的生存需要，同时解决了安全问题、娱乐问题、社交问题、信仰问题，等等。

　　众所周知，体育作为一种特殊的文化表现形式，浸透在生活的方方面面。然而，在我国高校的教学中，对于公共体育教学与体育文化的融合并不突出，甚至少见。随着教育体制改革的推进，怎样将体育文化融入体育教学中是值得深思的问题。本书将以促进公共体育教学中体育文化的融合为重点，对此提出相关意见以及相应措施，仅供参考。

　　传播是人与人之间彼此有意识的沟通，以达到统一行为的目的。传播的方式可因自然和社会环境的不同，以及由于文化变迁方面的差异，必然会出现完全不同的传播的结果。传播体育文化并不是一个简单的问题，它涉及好多方面的影响因素，有类型、途径和意义等多个方面。

　　民族体育文化在历史发展过程中的传承叫作体育文化的纵向发展，体育文化在地区之间的传播叫作体育文化的横向发展。体育文化的纵向发展是建立在横向发展的基础之上的。可以说，民族体育文化在发展的过程中，不仅需要使优秀的文化遗产得到继承，还需要不断吸收其他民族的优秀体育文化，在与我们优秀民族体育文化实现充分融合的过程中，使我国优秀的民族体育文化得到不断的丰富，两者之间缺一不可。体育文化的发展，从本质的角度来看，就是外来文化不断与本国体育文化融合的过程。体育文化的传播是伴随着人类的活动而产生的。与此同时，其能够有效地推动体育文化的传承与创新。

　　体育文化的传播能够有效地推动体育文化的发展，同时也促进了社会的政治、经济、文化教育、商业、法制以及生活消费的发展壮大。

目 录

第一章 体育教学概述

第一节 体育教学的概念和性质

一、体育教学的概念

（一）教学的概念

为了更好地理解体育教学的概念，首先可以先对教学的概念进行分析。总的来看，对教学的概念的理解可以分为广义和狭义两个方面：

从广义的角度来看，教学是一种在某种特定形式下开展的教育活动。在这一活动中，负责传授某种知识或特定技能的教学者对受教者进行教育，以期让受教者获得这种知识或技能的活动。其中的教学者可以是教育者，也可以是某种知识的掌握者，所教授的内容可以是一种知识，也可以是某种技能。

从狭义的角度来看，教学是指单纯的学校教学，它由教师和学生两个教学主体协作完成，是以特定文化为对象的教与学相统的活动。在教学活动中，教师扮演着组织者和指导者的角色。在新时期，有关教学的基本观念是，教学是教与学的统一，教融入学中，而学有教的组织引导。

通过对教学两个方面的概念理解之后，基本可以总结出教学的概念为其是在教育目的的规范下，教师的教与学生的学共同组成的一种教育活动。

（二）体育教学的概念

在分析了教学概念之后，再将其与体育相结合，就基本能够认定体育教学的概念。由此可见，体育教学与教学有着很多相似的地方，它是一种有目的、有计划、有组织地对学生传授知识和技能，发展智力和体力，培养品德和形成个性的教育过程。只不过其教学的内容为体育相关知识与技能，当然教学方法也与其他学科的教学方法有所不同。

体育教学并不是一种随意的、随心而行的教学活动，更不是完全的做游戏和娱乐活动，它需要很多要素的构成才可以正常、合理、科学地开展。一般来说，体育教学主要由以下八个基本因素组成：

1.学生

学生是体育教学的主体之一，没有学生就不存在体育教学，没有学生就没有组织教学。总之,学生是体育教学中的主体因素,也是最活跃的因素。

2. 教师

教师是体育教学的主体之一,没有教师不可能存在体育教学,没有教师就没有体育教学中的"指导和组织者"。在现代体育教学中,体育教师已经不再是过去那种课程的忠诚执行者角色,而是在完成现有课程教学的基础上还要成为体育课程的建设者和开发者。

3. 教学环境

教学环境是支持体育教学顺利开展的各种软件、硬件条件的综合。良好的教学环境对体育教学起着积极的影响。体育教学中对于一些运动项目的教学对场地条件和设施有着不低的要求,相比其他学科的教学来说,体育教学对教学环境的要求更高。

4. 教学目标

教学目标是教师开展体育教学的基本依据,体育教学没有了目标就变成了无头苍蝇,难以获得向前发展。在体育教学实践中具有多层次的体育教学目标,它们是体育教学中的定向和评价因素。

5. 教学内容

教学内容是由内容的实体(课程)和内容的载体(教科书)共同组成的,它们是体育教师根据社会的要求、学科的体系和学生的需要选编出来的。如果没有教学内容,体育教学就显得空洞化了。

6. 教学过程

教学过程是教学的最中心因素,没有了体育教学过程,体育教学也就没有了时间和程序上的支撑,因此也就无从谈起教学的组织和管理。

7. 教学方法

教学方法与目标、教师、学生等因素有着密切的关系,它是教师根据教学目标和学生的学习情况所选择的有效的教学技术和手段,其中包含为帮助学生理解学习内容的各种信息及其传递方式。

8. 教学评价

教学评价与教学目标、教师之间有着密切的关系,它是教师根据具体的教学目标制定出的各种评价、考核指标,这些指标既包括教师的教学工作,也包括学生的学习情况。

综上所述,便可以总结归纳出体育教学的概念,即是指在学校教育中,由体育教师和学生协同完成的以传授体育知识和体育技能为手段,以增进学生身心健康,提高身体活动能力、自然和社会环境适应能力,培养良好的思想品德,促进个性发展为目标的教育过程。

二、体育教学的性质

在了解了体育教学概念后,就要对其另一项基本知识进行研究,这就是关于体育教学性质的问题事物的性质是与其他事物区分的最明显差异。性质不同的两种事物其带来的表象自然有一定的区别。就体育教学来说，正是因为它本身所具有的体育教学性质，才能明显区别于包括数学、语文、英语、艺术等其他学科。

因此，通过归纳可以找到体育教学的诸多特征，如它的教学地点多为户外；教学中师生都要承受一定运动负荷与心理负荷；教学过程是身体活动与思维活动的结合，并且还有比较频繁的人际交往；体育教学侧重于发展学生身体时空感觉以及运动智力；教学更加关注学生自我操作与体验等。

在体育教学活动中，最重要的一个形式就是对运动技能的教学，它是体育育人的主要方式，而对于运动技能的传授也是体育教学与其他学科教学的主要区别之一。仔细来看，运动技能的形成要经历几个步骤才能最终实现，具体包括动作的认知阶段、联系阶段与完善阶段。在认知阶段中，学生与知识、技能之间的联系最为密切，它的主要目的就是学生对所学技能的结构、要素、关系、力量、速度等要素进行表象化的认识。由于运动技术是学生完成动作的方法，因此可以认为运动技术不具有人的特性，而只是作为一种"知识"，或称为"操作性知识"。

综上所述可以断定，体育教学的本质应该是一种针对运动技术和知识的教学。当学生学会了运动知识并将之转化为运动技能后，体育教学的本质就达成了。当然，体育教学活动地点大多在户外的条件也是区别于体育教学与其他教学的特征之一，但现代体育教学场所通常在室内的场馆也非常多见，如果坚持把"户外"作为条件之一，未免有些不严谨和片面。

第二节　体育教学的特点和功能

一、体育教学的特点

体育教学与其他学科教学有许多相似的特点，它们的共性在于都属于教师与学生的双边活动，这是所有教学活动的共性，教师与学生在教学活动中发生的各种形式的交流都非常频繁，如语言上的交流和肢体动作的交流等。过往这种交流更多的是从教师向学生的方向转变，现代教学同样也注重使这种交流从学生向教师的方向转变，不过教学仍旧依靠教师对学生在某种知识和技能方面的传授；其次，以班级为单位开展教学活动也是共性，只不过有些时候这个班级的组成方式会根据不同需要有不同的编排，如可以根据基础的自然班，或是根据学生的不同兴趣组成的体育教学班等；最后，体育教学与其他学科教学的目的都是一样的，即都是为了传授某种知识或技能。

参加体育活动对于学生身心发展具有很好的作用，特别是对正处在身体发育旺盛期的青少年及儿童来说有更加重要的意义在结合体育教学的性质后，可以把体育教学独有的特点归纳为以下几点：

（一）教学过程的直观性

体育教学过程拥有直观性特点，这种直观性有多种体现，如体育教师对体育教学内容的教授除了要达到与其他学科教师讲解要求一致外，还要求体育教师的语言更加生动，并且还要富有定的肢体表现能力，以使学生有形象、贴切、有趣的感觉。在某些拥有较难技术动作的体育运动教学中，教师一方面要把传授的重点进行艺术性的描述；另一方面还要用生动的语言、巧妙解释方法把复杂的技术动作简单化，提升学生对学习成功的自信心加深学生对教学内容的感知。

实际上，体育教学过程中的每一项内容都具有直观性特点。除刚才说到的课堂讲解，在实践演示中也是如此。在教师运用示范法时，需要运用非常直观形象的动作示范，其中包括正确动作的演示和错误动作的演示，这些演示都是非常直观地展现在学生眼前，并没有一丝做作。这样才会使学生从感官上直接感知动作的正确与错误，以利于他们建立正确的、清晰的运动表象。当学生获得正确表象后，才能使之与思维结合起来，从而达到掌握体育知识、技术和技能的目的，同时，还发展了自身的观察能力和形象思维能力。

从体育教学组织与管理过程方面，也能够看到直观性的特点。鉴于教学过程的直观性，教师的行为也应该带有直观性，如要更加富有责任心、为人师表、德高望重，这对学生的身心也是种无形的教育。另外，直观性特点使得学生在课堂的表现都是最真实的、最直接的，任何伪装在体育教学活动中都是毫无意义的因此，学生在教学中表现出来的言行都是他们最为真实的一面，而这就非常有利于体育教师对学生的观察与帮助，有利于教师获得正确的教学反馈。

（二）体育知识的传承性

体育是以身体锻炼为主要形式的教育活动。如果从教与学的角度来说，可以将体育知识形容成一种"身体的知识"。这种知识伴随着人类的发展而发展，在不同时期都有它的发展形势，如在原始社会，身体的知识就是人类通过走、跑、跳、投、打等动作捕获猎物或逃避猛兽的追捕等行为。而在现代社会中，体育知识的传承内容变成了某项体育运动或体育技能，如足球、篮球、排球、乒乓球、游泳、田径和武术等专项运动技能。

现代教育越发注重教学过程中学生的主体性作用和"以人为本"的教育理念。人们对这种理念的追求使得人类自我知识的归不仅代表了体育教学的特殊性，还给予了体育教学知识传承的特殊意义。从这个层面来看，这种体育教学所传承下来的体育知识已经超越了简单的模仿行为，而将更多的相关文化也融入其中。这些体育文化才是体育运动、体育教学等获得长久传承的动力和灵魂。

（三）身体活动的常态性

体育教学与其他学科教学的最大不同就在于在体育教学过程中充满了对身体活动的要求。在体育教学中，几乎所有内容都涉及身体活动，或者是为即将到来的身体活动做准备的活动,就是对作为"身体知识"的体育教学的最好诠释。在体育教学过程中,不仅是学生要进行具有一定运动负荷的运动外,教师在做示范、做指导和参与到组队教学赛中也需要付出不少体力。所以体育教学身体活动常态性的特点不止针对学生,它包括所有体育教学主体。

由此可见,在体育课堂教学过程中,教师与学生的身体操练非常频繁,这种几乎与常态化的特点成为体育教学非常显著的特点。与之相比,其他学科的教学必须要在教室(实验室、多功能厅)进行,且要保持相对的安静,这样才能激发学生的思维并产生很好的学习效果。而体育教学却刚好与之相反,其教学的地点多为户外或专用运动场馆,普遍较为宽阔,而且在大多数时间的运动技术练习环节并不需要可以保持安静,学生之间、学生与教师之间都可以随时有相关的交流和沟通,如此才更有利于对运动技术的学习。

(四)身体与心理统一性

在许多人的概念中,身体与心理是两种不同的事物,彼此间并没有很多的交集。实则不然,现代科学研究发现,身体健康有助于改善心理健康,而心理健康与否也可以影响身体健康。另外有一种观点认为开朗的人热爱体育运动,而事实上则是因为人参加了体育运动,才开始变得开朗、阳光的。这就是典型的运动改变心理的事例,因此,在体育教学活动中就充满了身体与心理统的特点

体育教学在乎对人身体的改造,与此同时它还强化人的心理与多种适应能力的发展。而在其他学科的教学中便无法达到这样的效果,这主要在于体育教学营造了不同种类的教学情境,这种情境表现出了十足的阳光、生动、积极、外露以及直观的感觉。一系列积极的情境使得参与其中的人在潜移默化中受到感染,以此为学生的心理与社会适应能力的健康发展提供了良好的环境。

由此可以说,在体育教学中,人的身心发展看似是多元的,但实际上在过程中是一种一元化的锻炼,即达到身体与心理的共同拓展和发展,表现出十足的统一性。身体发展是基础,心理发展依赖于身体的发展而存在,心理的发展同时促进身体的发展。具体来看,在体育教学中人的身体与心理的统一性主要体现在以下两个方面:

1.体育教学的教材内容选择要注重身体与心理统一

体育教学内容是体育教学活动的依据。教学内容的好坏将直接影响教学效果,因此,为了体现出体育教学身心统一的特点,首先就要从教材选择环节开始,也就是说,选择的教学内容要对学生身体各部分、各种运动能力和各种身体素质的积极影响,而且要注重教材对学生心理及其社会适应力的影响,所选教材的编排要符合该年龄段学生的心理特点,除此之外,还要满足其美学、社会学等其他方面的要求。

2.体育教师选择的教学方法要注重身心统一

由于与其他学科教学相比增加了更多的内容,因此,相应地,体育教学的方法也就更加丰富。选择体育教学方法主要是由体育教师进行的,为了使体育教学保有身心统一的

特点,体育教学方法的选择就要关注到这方面的内容。通常为了体现这一特点,体育教师选择的教学方法都要遵循与学生年龄段相适应的身心变化规律,使学生在经常进行的体育教学活动中学习到正确的体育技术和技能,学生掌握这些技能的成长曲线并不是一路上涨的,而是有忽高忽低、忽快忽慢的过程和起伏。另外,体育教学方法的选择还应符合学生的心理特点和年龄特点。与对体育技能学习的规律相似的是,学生在接受教学的同时其心理活动也呈现出波浪式起伏的曲线现象。这种生理、心理负荷波浪式的曲线变化规律,体现了体育教学鲜明的节奏性和身心的和谐、统一性。因此,要想选择正确的、适合学生身心发展的体育教学方法,体育教师就必须根据学生的这些诸多身心特点安排,如此才能在促进学生身体发展的同时,有效激发学生的积极性和兴趣爱好,更有效地发挥体育教学的功能。而根据不同阶段学生的身心特点选择恰当的教学方法也是评判一位体育教师综合水平的重要依据之一。

（五）教学内涵的优美性

体育教学内容是非常丰富的,它会涉及多种与体育相关的内容,不仅仅限于球类运动、游泳、田径,还包括如体育舞蹈、瑜伽等内容。通过对这些内容的学习,学生可以普遍从中体会到源自体育的丰富情感,这种情感几乎都从"美"中而来。

体育教学内容丰富的情感性首先体现在体育教学过程中,师生可以体会到只有体育才能赋予人的人体美和运动美。学生通过接受体育教学,掌握体育健身的方法和技能,以此达到运动塑身的效果,使身体外在形态保持优美的线条和良好的身材比例同时,在运动中,可以看到人体不同的动作展现出的动作美和肌肉的动态美,这种美只有在运动中才能看到,是极为外显的美在内在精神方面,体育教学也蕴含着"美"的元素,如学生为了争取比赛的胜利而表现出的不畏强敌、奋勇争先的精神;在关键时刻始终保持冷静的心态,或是在运动过程中表现出谦虚、文明和有道德的风度等。

既然有美的存在,那么就要有欣赏美的人和能够欣赏美,懂得如何欣赏美的能力。每一项运动都向人们表现出了不同的美的特点和审美特征,如球类运动可以表现个人对球类技术的掌握能力,集体球类项目中除了个人能力外,还包含了与队友之间的协作和互助精神。这些内容都是人类积累下来的体育知识与技能,体育教师通过科学的概括和提炼,将其精髓传授给学生,意在使学生也能感受到体育中蕴含的美,并学着去享受它、感悟它体育之美首先给人的最大作用就是陶冶情操,平衡人们的心理状态。其次,体育教学是一种创造性的社会活动,其创造的成果就是让学生获得内在的顿悟和精神上的启迪。同时,体育教学中教师和学生之间有一条无形的通道联系着,构成了教与学的系统。教师在传授知识的过程中,伴随着师生间丰富而真诚的情感交流。

（六）客观条件的制约性

正是因为体育教学涉及的内容较多,再加上与之相关的构成要素也同样较多的缘故,也就使得体育教学会受到更多客观条件的制约,而这也是体育教学不同于其他学科教学的一大特点具体来说,体育教学活动受到的制约主要如体育教学场地条件、器材、气候、学生运动基础、学生其他基本情况(年龄、性别、生理和心理特点)等。这些因素都会影响体育教学质量的高低。

学生是体育教学的主体之一,是体育知识与技能传授的受众。从这个角度来看,学生的诸多情况会对教学本身造成一些影响,因此体育教学要想进行得顺利,获得良好的教学就要注重在学生的运动基础方面以及体质强弱等实际情况的区别对待。这些差异具体如男生与女生不同的身体形态、机能水平、运动能力等,根据这些差异,学校体育教育部门和体育教师在进行教学设计、教材选择和教学组织等方面的制定时就要充分考虑周全,否则不仅不能达到预期的教学效果,还可能会增加体育教学的风险。

体育教学环境是体育教学的场所。作为重要的教学载体,体育教学环境质量的高低对体育教学会产生较大影响。通过几个事例就可以很好地说明这个问题,如经常在室外开展的体育教学,如果面临的是严重的空气污染,或邻近马路带来的噪声污染则势必会影响体育教学主体在教学活动中的状态与情绪;天气对于室外体育教学的影响也是不能忽视的,这点在早年间越发明显,如遇到雨、雪、大风等恶劣天气时,体育教学被迫停止,转而来到室内进行一些体育理论课的教学,如此势必影响体育实践课的教学计划顺利展开。

综上所述,在诸多客观条件的制约下,为摆脱不利条件的影响,体育教师就要从学年的体育教学计划到具体课时计划,从教材内容选择到教学组织方法实施都必须考虑到这些客观实际与影响因素,尽量将制约因素的影响程度降至最低,提高体育教学的质量与效果。

二、体育教学的功能

(一)促进身体发展的功能

学生亲身参与体育运动实践在体育教学活动中是必不可少的。而既然参与运动实践,就必然会使身体承受一定量的运动负荷。为保证学生身体的健康,运动负荷强度需要由体育教师酌情掌控。

合理的运动负荷对发展学生身体素质有极大的帮助,它对学生的机体或多或少会产生一定的刺激与影响,其影响的程度要视运动项目的内容、学生身体素质、持续运动的时间、运动间隙时间、营养补充等状态而定。而不同运动项目对身体的锻炼重点也有很多区别,如足球运动对人体的耐力、爆发力、速度和灵敏度有着较高要求;游泳对人体心肺功能和协调能力有较高要求等。由此认定体育教学具有促进身体素质发展的功能是毋庸置疑的但同时也要注意的是,如果运动负荷过大,那么体育运动不仅对身体健康没有好处,反而会伤害学生的机体。为了把握合理的运动负荷,就需要体育教师在制订教学计划前就要对学生的普遍体质与运动基础有一个基本清晰的认识。因此，从体育教学影响身体功能的角度而言，要有效发挥体育教学健身功效，必须遵循体育教学的规律，运用科学的教法与组织形式，才能达到预期的效果。

（二）促进心理健康的功能

世界卫生组织确定的现代健康新标准中明确认定了心理健康也是评定人体健康的指标之一，我国自古也有"身心合一"的理论。经过长期的实践发现，体育教学在对学生身体产生积极影响的同时也会对学生的心理与思想产生影响，这方面的影响与其他学科既有共性，也有差异性。体育教学促进心理健康的功能主要是通过教师传授来实现的，因为教师的一言一行无时无刻不影响着学生的思想，因此，教师必须身体力行、为人师表，为学生做出表率与榜样。这些行为都是在潜移默化中进行的，而不是安排几堂心理辅导课。教学更为重要的作用是传授各种人类社会的道德、规范与理念，这是学生走向社会之前的必学内容。

具体来说，体育教学对学生心理的影响主要包括个人心理与团体心理两个方面：

从个人心理方面看，体育活动一方面可以缓解学生的学习压力；另一方面，参与体育运动就要频繁地面对成功与失败，其中失败和挫折的次数远远多于成功。由此可以培养学生在逆境中正确处理心态的能力，作为胜利者也要做到戒骄戒躁，只有具备这样的素质，才能再接再厉，取得成功。

从团体心理方面看，学生作为体育运动团队中的一员，需要处理好个人利益与集体利益的关系，应抱有克服一己私欲，顾全大局的思维行事。

（三）提升社会适应的功能

现代社会的发展速度非常迅速，这使得人们稍有停留便会被潮流所抛弃。对于青年来说，紧跟社会潮流，并且在跨入社会后能够与之较好地融合、适应是非常关键的。这是体现人软实力的标准之一。在体育教学中，学生之间的交往具有特殊性、外显性与频繁性，学生在多样的体育活动中会产生多种身体之间的交流，交流的同时也传播着各种体育竞赛的规则，竞赛规则就好似社会规则，需要人人自觉遵守。由此可以说，体育教学环境就像是一个微缩化的社会，这个社会赋予了学生之间需要遵循的各种规则与准则。若不遵循，必然受到惩罚；若表现突出，则得到表扬称赞。执行这个法则的人就是教师。因此，教师必须公正，才能对学生产生良好的影响，培养学生良好的体育道德规范，进而培养学生适应未来社会的各种道德规范与做人理念。

（四）传授运动技术的功能

在远古时期，运动技能就等同于生存技能。那时的人类通过走、跑、跳、投、打等行为捕猎和采摘，已获得生存的能量。而现代社会早已物质丰盛，对于人体的要求就不再像过去那样严格。现代运动技术也演变为了丰富的体育运动技术，如球类、武术、田径和游泳等。科学研究表明,适当参加体育运动对人的身心素质提升均有较大帮助。最终,体育教学就成为传授这些运动技术的最好方式。

从具体的实践角度来分析,学生们每周都要参加的体育课堂就是体育教学的最小单位,体育课堂的基本活动过程就是体育教师以体育教学内容为依据对学生传授体育知识与相关技能的双向信息传送活动。因此,运动技术就成为体育教学的主要内容也是重要内容。运动技术不同于其他学科的学习,它不仅需要学生对运动理论有深刻的了解,还要身体力行地亲身参与技术练习,在无数次的重复中逐渐在脑中和身体上建立起对技术的表象反应,最终到熟悉动作以及可以在下意识的情况下做出正确的动作。因此,对于运动技能的训练,没有实践就无法学会。

对于运动技术的传授,体育教师是关键。作为运动技术的掌握者和传播者,教师在体育课中传习的是各项具体运动技术,如足球运动中的传球技术,甚至可以细分到内脚背传球技术。其他运动项目的技术传授也可以依此类推。体育教师对运动技术的传授通常都会从简单的、入门的、基础的入手,在此之后逐渐积累,循序渐进,只有从小的运动技术学起,才能积少成多,掌握整个运动项目的技术。

(五)传承体育文化的功能

体育教学并不仅是简单地对于体育运动技能和相关知识的传授活动,这些只是表面上的行为,而体育教学真正的目的在于教会学生正确的体育运动方法使其能在未来的生活中对其身心产生持续的良好的影响,更在于一种体育文化的传承。

从体育教学的系统结构视角出发,体育教学是由每周二至三次的体育课组合而生的一种贯穿全年的教学计划。其中根据教学周期的不同可以分为课程教学、周教学、学期教学和学年教学。比学年教学周期更长的就是小学体育教学、初中体育教学、高中体育教学和体育教学。

从单一一堂体育教学课的视角出发,可以把体育课中传习的各种小的运动技术累加起来,学生学到的是某个运动项目的完整技术,继续累加,就学到了各种运动技能。

综合两种视角,使得学生通过不同阶段的体育教学,学习到较为完整的运动知识、运动文化,掌握各种运动技能,从而实现体育教学传承体育文化的功能。

第三节 体育教学的原则和规律

一、体育教学的原则

原则,即人们说话办事依据的准则和标准。教学原则,则是根据各种不同的教学因素,把同类性质的因素加以科学的抽象和概括而形成原则(直观性原则、自觉性原则和教育性原则等)。体育教学原则,是体育教学过程客观规律的反映,是在长期的体育教学实践中，积累起来的，具有普遍意义的经验的总结和概括，是体育教师进行教学工作必须遵循的准则。体育教学原则其他的原则不同。同样，体育教学与其他的教学也不等同。二者最根本的不同在于体育教学突出认识和实践。从而得出，认识和实践的有机统一是体育教学区别于其他教学过程的根本特征。然而最终的目的是，希望教师合理的运用体育教学原则，从而促进学生的身心健康全面发展。

（一）中国的体育教学原则

体育教学原则在各个不同时期均有不同的发展，不同的国家，体育教学原则略有不同，然而，大体上又一致认同。经查阅文献得知从1981年体育院、系教材编审委员会编写的5体育理论6教材中，提出了七项教学原则中国的体育教学原则一般有：自觉积极性原则、直观性原则、从实际出发原则、循序渐进原则、全体全面发展原则、合理的运动负荷原则、巩固提高原则。但是，随着社会的不断发展，教育学、心理学、社会学、教学论、方法论及体育科学的发展，人们对体育教学原则的认识不断加深，体育教学原则体系的研究形成多种不同的思想观念。体育教学原则不是仅仅局限在以上其中原则上，但是也并不是不赞同中国的体育教学原则。现在也是对我国在体育教学原则体系的基础上进行逐步完善，对教学实践过程的指导也越来越科学。蒋新国在《我国体育教学原则的历史演变》的论文中阐述了体育教学原则各个不同时期的完善和发展。指出了体育教学原则不再是仅仅的重视体育教学的学科性、健身性和思想性，而是开始关心学生身心健康的全面发展和人文精神的培养。然而，这也是受当时学校体育指导思想和对体育教学规律认识影响的必然结果。

（二）体育教学原则的运用

体育教学原则保证体育教学的顺利进行，所有的教学原则相辅相成。

1.直观性原则

对于直观性教学，要求教师给予学生一个正确的直观概念。教师应抓住重点，生动形象、语言简短明了地进行讲解，可以让学生反复地进行一个动作的练习，使学生的感觉器官建立暂时的神经联系，形成正确的动作定型。比如在练习太极的过程中，太极"抱球"的手势，将这一动作传授给学生，使手掌的五指分开假设双手之间抱着一个球，我们可以运用到这一原则。对小学生而言，其模仿力较强，对这一原则，是最为有效的原则之一。

2.巩固性教学原则

这一原则，有助于学生动作的熟练和形成更加标准的动作，目的就是能多加练习，形成一种肌肉记忆一样，再到熟能生巧。比方，在篮球运动项目中，学习篮球运球、急停、转身、传接球时，为了巩固转身这个动作，可以把急停、转身、传球贯穿进去。三天不练手生，如在网球教学中，长时间不练网球发球，随之抛球的稳定性、发球的成功率均会下降，此时就需要多加练习进行巩固，这一原则尤其是对刚接触项目的学生而言，巩固练习，形成正确的技术动作。

3. 合理的运动负荷原则

这一原则要求教师在上课期间根据教材的特点、教学条件、考虑学生的实际情况、合理的安排教学内容。使学生不仅能更好地掌握技能还能促进其身体的健康发展。教师合理的安排运动量和运动强度。通俗来讲，这里的运动量与运动强度并不是同一概念，运动量指的是次数、组数、重量时间等，而运动强度指的是完成练习的所用的力量的大小，比如负重的重量、跳的高度、跑的距离等，合理的安排运动量与运动强度，量大则运动强度小，运动强度太大，则相应减少运动量。保证在学生承受最大疲劳限度的情况下根据实际情况来合理安排。

4. 循序渐进原则

循序渐进原则，从字面就表现出由简到难、由一般到复杂的过程。逐步进行，不断提高。比方网球的正手击球，首先要从握拍开始，到准备姿势，到引拍上步，再到挥拍，再到准备姿势这样一个完整的过程，练习者开始可以做无球的动作练习，再做有球的原地击球动作练习，最后再做有球移动的动作练习，这样逐一练习，逐步进步。

5. 启发式教学原则

采用启发式教学可提高学生学习的积极性，调动学生的积极思维，加深学生理解和认识、牢记动作、少出现反复。启发学生主动去思考去领悟。比方在排球发球的教学中，通过生活当中甩鞭子的一个动作，启发学生做发球动作时一次用力地发力顺序，或将其用于标枪等投掷项目当中，使学生能够举一反三，培养学生自学的能力。运用启发性原则，开发学生智能，调动了学生学习的积极性，科学地进行训练，取得事半功倍的效果。

此外，教学原则还有因材施教原则、超负荷原则、恢复原则等等，无论哪一种体育教学原则，目的都是从学生的根本利益出发，提高学生的身体素质，促进学生的健康发展。

体育教学原则体系将随着社会的不断发展、教育学、心理学等相关学科的发展也随之不断发展。近年来，随着新课改不断深入开展，一套套新的体育教育原则不断运用而生。目前，我国有关新课程与体育教学原则创新的研究还有限，基础教育体育（与健康）课程的改革与发展滞后，我们应取其精华，去其糟粕，把体育教学原则通俗地贯穿到教学中去，使学生容易接受、理解，达到自觉练习的目的，开发学生智能，提高学生的体能素质，促进学生身心健康全面发展。

二、体育教学规律

体育活动，就是通过各种体育运动小组的活动和比赛，以及参加群体性的体育活动，使受教育者的身体得到多方面的锻炼，增强运动的技能和技巧，提高体育锻炼的兴趣。在我校的体育课教学中，我们着力探索体育教学规律，努力丰富体育课程内涵，体育教育教学取得了一定成效。

（一）探索规律组织体育教学

如何组织好小学体育课的教学工作，更好地为教学服务，是体育教学中的关键问题。

首先，教师要把握体育课自身特点，即通过身体的各种练习，使体力活动与思维活动紧密结合，掌握体育知识、技能和技巧。要遵循体育教学过程的规律，根据教学内容和学生情绪的不同，灵活组织教学。

其次，遵循体育教材特点，组织教学活动。小学体育包括田径、球类、技巧、武术、体操等多种教材，不同的教材有其不同的特性。因此，教师在教学中要善于把握教材特点，挖掘教材潜力，改革传统教学形式，充分调动学生学习主动性和创造性，提高教学效果。

最后，体育教学不仅要遵循体育规律，还要遵循儿童身心发展规律。要根据儿童的生理和心理特点，如有意注意时间短，兴奋过程和无意注意占优势，好奇、好动、好模仿、好竞争等现象来组织教学。

（二）丰富内容推进素质教育

体育教育是素质教育的有机组成部分，体育教育之目的就是通过初步学习和掌握体育的基本知识、基本技术和基本技能，完成锻炼身体、提高思想道德水平的任务，从而有效促进素质教育。

从体育活动的性质上来说，有利于发展学生的特长和才能。学生在活动中自己教育自己，有利于学生自觉地去接受教育，养成良好的纪律和高尚的思想品德。

从体育活动的组织上来说，形式多样，不拘一格，有利于学生的身心发展，有利于培养学生的观察力、思维力、想象力、创造力，有利于提高体育活动质量，提高学生素质。

从体育活动的目标培养上来说，要培养学生"三种意识""四种能力"，所谓"三种意识"就是培养学生的参与意识、实践意识和竞争意识。"四种能力"就是观察力、注意力、记忆力、想象力。

（三）体育课渗透爱国主义教育

一是通过体育教学活动培养学生的集体意识，增强爱国热情。由于体育教学的特殊性和组织方式的多变性，容易导致集体与集体，个人与集体的频繁接触，学生对集体间的竞争和对抗，胜与负比较敏感，情感流露比较真实。根据这个特点，我们积极帮助和引导学生树立正确的集体观念，正确对待个人与集体，集体与集体之间的关系，培养团结协作，互相配合的集体主义精神。

二是联系相关事物，引申教育内容。针对小学体育教材思想性不明显的情况，我们通过引申教学内容，来加强爱国主义教育。如，在"快速跑"这一教学内容中，我们融入了"时间"概念。教师通过开动手中的秒表，把分分秒秒报给学生听，让学生体会时间和空间印象，然后将时间所包含的经济、文化等价值和学生分享，即通过珍惜时间，给国家创造财富，培养学生的时间观念。以此来培养学生兴趣，丰富学生知识，激发学生的爱国热情。

（四）体育教学风格形成的基本规律

所谓教学风格，是指教师根据各自的优势、特长，结合教学的具体情况，经常采用的一整套个性化的独特教法，以追求最佳的教学效果为目标。在体育教学中，形成独特的个体特征教学风格，是体育教师进入高层次教学境界的重要标志，它对学生学习态度的形成、个性特征的培养、学习氛围的创建、合作精神的养成等都有积极的作用。教学风格是体育教师在创造性劳动中逐步建立起来的"独特教学模式"，在建立的过程中既能体现出教师的教学思想、教学意识、教学技巧等内在的东西，又能表现出教学的教学行为、教学形式、教学效果等外部的特征。本节对体育教学风格形成的规律进行研究，旨在为提高教学效果提供参考。

1. 体育教学风格的基本特点

（1）突出个体性。

体育教师的个性心理特征对教学风格有直接影响。如偏于多血质气质类型的教师，情感丰富，教态亲切，善于启发诱导学生，教学中反应敏锐，方法多样，因此，可以称谓"民主型"教学风格；北京王仲生老师的"以心导教，心动身随"具有这个特点。偏于胆汁质气质类型的教师，情感浓烈，作风果断，教学中兴奋性高，富有激情，动作幅度大，感染力强，因此，可以称谓"激情型"教学风格；但当学生练习出现问题时，教师容易表现出急躁发火现象。而黏液质气质类型的教师，一般性情清高，教态稳健，教学中往往含蓄深沉，简洁明了，因此，可以称谓"沉稳型"教学风格，但有时也会降低学生的学习兴趣。作为教师应有意识地发挥自己教学风格上的优势，克服不利因素，从而使个性心理特征与教学风格形成最佳的结合。

（2）追求稳定性。

体育教师的教学风格一旦形成，将有相对稳定的特征，这是由教师的个性心理特征、知识结构、文化素养、工作环境、社会赋予的要求等所决定的。知识结构、文化素养的不同，会直接影响到教师的思维模式、教学理念和治学特征，因而最终会孕育不同的教学风格。教师教学风格的形成应有一个较为宽松的社会环境、有一个良好的研究氛围、有一个灵活的教学空间，只有这样才有助于教师开创性的工作，形成其各自特有的教学风格，克服"高度统一""千人一面"的现象。专家们对王仲生、蔡福全老师教学特色的概括，是二位老师几十年的教学经验积累，具有相对的稳定性。稳定的教学风格有助于教师在相对的工作状态下进行教学，有助于学生在一定时期内逐步适应教师的教学风格，较好地理解教学目标，取得最佳教学效果。

（3）实现创造性。

体育教师教学风格的形成，是一个长期实现创造性工作的过程。大量实践经验证明，教师教学风格的形成是有规律可循的，即未有风格、形成风格、打破风格、形成新风格。

这种良性循环需要教师创造性地开展研究工作。当然，创造性的研究工作是随着教师教学经验的积累、知识水平的提高、职业要求的深化、学生需求的变化等情况而进行的，往往是自觉与不自觉相结合的。如小学阶段的教学，以养护为主，参与意识和锻炼并重，注重培养兴趣，教学中较偏重引导、游戏形式的教学，因而易创造出"启蒙、生动、亲切"的教学风格，而初中阶段教学，让学生在多种多样的运动条件下能够有意识地去活动，充分体验体育的乐趣。高中阶段教学，偏重于教会学生运用体育手段和方法，进行独立锻炼，进一步培养锻炼习惯。因而易创造出"严谨、规范、民主、生动"的教学风格。

2. 体育教学风格形成的过程

（1）模仿阶段。

初为人师，有几个角色需要转换。即由学生向教师的转换、由过去的"学"向现在的"教"的转换、由被动的被人管理向主动的管理别人的转换、由随意的行为向规范的行为转换等。作为青年教师从主观上都有搞好教学工作的良好愿望，但往往又苦于角色转换较慢、教学经验不足，而无法达到预计的教学目标。那么，最直接、最有效的办法就是模仿，模仿老教师的教学风格。一般模仿是从局部开始的，逐渐向全局扩散的，或先是形式的，后是内容的。如当一组好的教法和组织形式被青年教师模仿使用取得明显效果的时候，有心人就会进行一定的反思，分析这种事半功倍所产生的原因；如果套用相同的方法和形式教授不同的内容，也不会产生好的效果，此时一定要分析造成牵强附会的原因。

（2）选择阶段。

青年体育教师在模仿老教师教学风格的基础上，已对不同的教学风格类型有了大致的了解，开始对自己感兴趣的教学风格进行选择。一般来说，青年教师首先选择的是与自己专业或专项相关的教学风格。这样更利于发挥专业特长，反映自我风格特点，体现了"一专"的要求，在以往的毕业生中专业体育院校表现得较为突出；其次是选择与自己专项有一定联系的教学风格，因为学校体育教学的内容很多，只靠专项教学是不够的。按照教学大纲要求，每位体育教师必须对所教授的内容有透彻的理解和掌握，所以要在专项的基础上扩充其他内容，同时必然涉及不同类型的教学风格。随着看课、观摩、分析课、研究课的增多，以及接触不同年龄体育教师的增加，选择的范围也在加宽，以体现"多能"的要求，在以往的毕业生中师范院校体育系表现得较为突出。

（3）定向阶段。

当体育教师对众多教学风格特点有了较为清晰的认识后，还必须找准自己的定位，如何扬长避短的开展教学，逐步形成独特风格是十分重要的。一般讲，可以根据自己的知识结构、文化素养确立教学风格。如知识面较宽的教师，教学讲解中能够旁征博引、挥洒自如，其教学风格必然呈现"洒脱流畅、生动活泼"的特点；而知识结构以专深见长的教师，教学中能层层递进，分析问题如抽丝剥茧，其教学风格也更为"深沉隽永"。也可根据自己的气质类型确立教学风格，气质是个人心理活动的动力特征，这种动力特征主要表现在心理过程的强度、速度、稳定性、灵活性及指向性上，气质对教学风格的确立和形成具有深刻的影响。另外，还可以根据治学领域的特点确立教学风格，治学领域的"土壤"不同，必将培养出各异的"风格之树"。

（4）创新阶段。

体育教师教学风格的形成，实质是一个不断创新的过程。教师的教学风格一经确立，便以一个相对稳定的状态表现出来，但不是一成不变的。教学实践证明：教师教学风格的变化是一种螺旋式的上升，这与教育内涵的扩展、教学内容的更新、学生需求的变化、教师教育理念的提升有密切的关系。其中教师教育理念的提升是最为重要的，只有观念的更新、意识的超前，才可能带来行动的创新。一种教学风格的形成，蕴涵着教师的创新意识、创新思维、创新能力、创新活动等。近年来，全国十城市优秀体育课观摩大会上所展示的优秀课，集中反映了我国中小学体育教学改革的最新成果，代表了广大体育教师的创新活动。

综上所述，体育教学风格是体育教师在创造性劳动中逐步建立起来的"独特教学模式"，在建立的过程中既能体现出教师的教学思想、教学意识、教学技巧等内在的东西，又能表现出教学的教学行为、教学形式、教学效果等外部的特征。体育教师教学风格形成于长期的教学实践，发轫于艰苦的探索，是教学一般规律与个人教学实践相融合的产物；是教学内容与教师灵感的交融升华，同时也是教师个人创造性思维的结晶。教育管理者应善于发现和树立有"独特教学模式"的体育教师，创造性开展工作。

（五）注意规律在体育教学中的运用

在教学中我们常常会遇到学生注意力不集中，它是困扰教学效果的主要因素，学生是否集中注意听课，和教师的讲课有很大关系，优秀的教师一定是课堂上的焦点，他的一言一行能吸引所有学生的注意，使学生在课堂上的心理活动集中指向与他，注意是教师与学生的之间教与学的一个关键的心理活动，有一个磨合过程，这个过程它直接影响着师与生，教与学的默契，也影响着教学质量，学生良好的注意品质是教师在长期的教学训练中培养和发展起来的，利用注意的心理规律上好体育课，传授体育基本知识、基本技术和基本技能是我们教师探索和研究的方向。

1. 运用无意注意的规律组织教学

（1）合理利用刺激物的特点来组织教学。

根据条件反射的强度规律，刺激物在一定限度内的强度越大，越能引起人的注意，课堂上影响学生注意力分散的诱因有很多，一切刺激物都会干扰注意力，我们要正确区分刺激物的良莠，新的教材、讲解的趣味、示范的优美、器材的新鲜感等都会激起学生的良性注意，尽量消除不良刺激物对教学的影响。

（2）采用不同的教学方法，吸引学生的注意。

体育教学不同的教法可以转移学生的兴趣，变换教法能使学生从一个兴趣点转移到另一个兴趣点,持续不断激发学生的兴趣,是吸引学生注意的前提,因此教师在体育教学中充分利用这些条件,启发学生思考,分析动作之间的内在联系,集中学生的注意,便于领会动作要领,掌握运动技能,组织学生身体练习时,还要注意变换方式,可采用竞赛、游戏的形式启发学生学习体育知识技能,调动学生积极性,会收到较好的效果。

（3）利用语言的形象描述,吸引学生的注意。

语言交流是体育教师进行教学和组织学生注意的重要工具,教师讲解时,声音的大小、语速及声调的变化都可以唤起学生的注意,直接影响教学效果,教师的语言要言简意赅、生动形象具有启发性,符合学生接受的能力,语言的鼓励与安抚能很好地帮助学生克服困难和心理障碍,能集中注意,提高学习积极性。

2. 运用有意注意的规律组织教学

课堂上学生有意注意时间的长短,决定课的成功与否,有意注意也称主动注意,它是有目的有意识的直接的自觉的心理活动,只有提高学生的有意注意的能力,才能提高学习锻炼的质量,在组织教学过程中,要求我们教师不但要想着上好课,还要培养学生有意注意的能力。组织教学；集中学生注意力；提高教学效果。

（1）明确体育课学习的目的,提升有意注意的能力。

学生对于为什么要上体育课,为什么要进行运动训练并非深知其目的,因此,教师对学生要经常进行引导教育,使学生明白终身体育有益身体健康,激发学生自觉积极地学好体育,锻炼身体,明确学习目的的教育还必须渗透到日常教学训练中,要求教师在教学的开始阶段就树立学生终身体育有益健康的思想,使之养成稳固的健身习惯,并自觉而为之。

（2）根据学生的兴趣特点,有的放矢。

兴趣是集中注意的重要心理因素,我们教师在教学过程中必须了解学生兴趣发展的各年龄段的兴趣特征,有经验的教师即会重视学生的直接兴趣,又会重视学生的间接兴趣,根据学生不同年龄段心理特点,在教学中引导学生思索及体能对抗的游戏方式,提高学生锻炼的积极性,还可以编一些通俗易懂简单易学的口诀,来提高学习的兴趣,对理解能力强的高年级学生可采用视频、幻灯教学,使抽象概念直观形象化,并用剖视、慢动作分解演示等教法,分析理解复杂动作过程的结构,培养学生的兴趣,吸引学生的注意力,提高教学效果。

（3）提升学生自我监督的能力,培养良好的行为习惯。

良好的自觉行为是集中注意的重要条件,学生自觉行为的形成要经过长期培养,因此,教师在教学过程中,对学生要进行常规教育,如按时作息、遵守校规、比赛规则、上课注意听讲、认真完成作业等,养成良好自觉行为,有助于培养学生不受时间、地点、条件的影响,养成注意的好习惯,提升有意注意的能力,适应自觉学习锻炼身体的价值。

3. 善于运用两种注意相互转化的规律组织教学

课堂上,一般来讲,学生的无意注意时间短频次高,有意注意时间长频次低,对刺激物的直接兴趣可以引接引起无意注意,而对刺激物的间接兴趣可以引起有意注意,两种注意在同一活动中又是相互联系和转化的,只注重无意注意,学生虽然有兴趣,但无坚强的意志和克服困难的能力,也不能完成既定的体育教学任务,注意是有实时性的,短时间内,情绪高涨,可以提高学生的学习锻炼的效果,可时间长了,情绪消滞,会有厌倦感,因此,有经验的教师会合理的安排教学内容,激发学生兴趣,通过适时的讲解示范演绎,引起无意注意;另外,要鼓励培养学生不怕困难专研学习的意志品质和探索精神,提高主动注意能力,在课堂学习锻炼过程中,应避免过多的重复的练习,以免产生消极情绪,要求教师要有不断地有关联的指导动作练习,交替练习锻炼,时刻保持较高的情绪和兴趣,促使两种注意的相互自然转化,从而提高体育课的教学质量。

要上好体育课,在开始阶段教师要通过简洁明了新颖的讲解宣布课的任务,引起学生的兴趣,激励学生想体验的欲望,在平常的体育课中,要不断地培养学生的注意品质,主动地去专注某些事物,形成注意的稳定性,提高学习锻炼就有了事半功倍的效果。

六、迁移规律在体育教学中的运用

迁移规律是体育教学中的客观存在,为正确认识迁移规律对体育教学的影响,提高教学质量,对体育教学中的迁移规律进行了简要的分析,对迁移规律在体育教学中的应用进行了探讨,并对应注意的问题提出建议。

(一)迁移规律在指定学年或学期计划时的运用

指定学年或学期计划时,除了贯彻教学大纲的同意要求外,还要注意教材分布的纵横关系。在教材的纵横关系中就要考虑到迁移的问题。纵的教材关系如:进行标枪教学时,先教原地投掷,再教上步投掷,然后教助跑投掷。因为上步和助跑投掷的握枪、引枪有最后的用力到出手这些动作的基本环节和原地投掷相同,所教后两种投掷时只需把上步或助跑的技术与原地投掷技术连贯起来就行;在学习与原有动作结构相似的新动作时,大脑皮质由原已形成的基本环节或附属环节的运动条件反射即可作为新的动力定型的基础,只需补充一些基本环节或附属环节的运动条件反射,新的动力定型即可形成。因此,指定学年或学期计划时,应尽量在回忆旧知识的基础上引出新的知识技能,将具有共同因素的教材内容合理地安排在一起并贯串练习起来,这不仅可以复习旧的技能,同时还能使学生更好地理解和掌握新的知识技能,达到前面的学习是后面学习的准备,后面的学习是前面学习的发展。

另外,在指定学年或学期计划时,要避免运动技能之间的相互干扰。两种不同运动技能之间,动作技术主要环节不同,而细节部分相同,在学习时它们之间往往产生干扰。如:掌握了单杠挂膝上,对学习单杠的骑上有干扰,这是因为前者要求屈膝,后者要求直腿,动作的基本环节不同,前者干扰后者;如果同时学习某两种技能,而且都没有达到熟练和巩固的程度,这两种技能就容易相互干扰,或者两种技能中有一种掌握的比另一种熟练,那么前者就容易对后者发生干扰,如:学习了跳高起跳(单脚起跳)的技术动作后,对学习支撑跳跃的起跳(单脚上板,双脚起跳)就可能产生不良影响;两种运动技能,结构相似,速度相反,其中某一技能已经相当熟练,巩固,要想形成相反的技能动作时,就感到很困难,甚至出现错觉,如:短跑和长跑,两者动作结构虽然相同,但在动作反应速度上对神经系统的要求呈现完全两样的,故产生干扰。

(二)迁移规律在教学中的应用

1. 讲解、示范中的比喻与启发

在教学中,教师采用生动形象的教学语言,不仅能够启发学生积极思维和想象,而且还能使学生加深对教材内容的理解,例如:学习前、后滚翻技巧动作时,教师用球做比喻,启发学生要低头、团身、屈膝使身体接近圆球形,才能像球那样进行前、后滚动。从而使学生心领神会,加深对动作要领的切身体验,加速对新技术的掌握。

2. 组织诱导性练习

(1)模仿练习的运用。

根据相似的刺激物可以引起雷同反应的原理,组织适当的模拟练习促其产生正迁移,诱导学生逐步低学习并掌握教材。例如:在铅球教学中,从徒手原地正面推铅球动作—徒手原地准备姿势(蹬、转、挺、推、拔)的最后用力—滑步推球的模仿练习,对诱导学生逐步掌握正确的推铅球技术有帮助。其生理机制就是,通过模仿产生迁移,诱导学生学会并掌握教材。

(2)分解练习的运用。

为简化动作的掌握过程,教学中常常把完整的动作合理地分成几个部分,然后按部分逐次的练习,最后完整地掌握。例如:在进行排球正面上手传球教学时,可先进行传球手形的练习;其次进行正确击球点的练习;再次进行蹬伸迎拔协调用力动作的练习;最后将以上三种练习串联起来,就会使学生完整地掌握正面上手传球的动作要领。每一个分解练习都给大脑皮层建立暂时性神经练习过程产生了痕迹效应。如果学生个体能正确、熟练地掌握每一个分解练习,则分解练习过程中产生的迁移就能使学生获得良好的学习效果。

(3)辅助性练习的运用。

辅助性练习是指为发展某种动作所需的身体素质的练习。体育教学中,为使学生更快、更好地学会某项技术,而选用一些辅助练习来发展该项技术所需的身体素质,确实有利于素质和技能迁移。例如:在推铅球教学中,为提高铅球出手的初速度,必须发展学生推球的力量,因此,常常选用一些发展臂力、腕力、指力的练习,诸如俯卧撑、俯卧撑推手、俯卧撑击掌等等,以发展掌握技术所需的力量素质。

3. 充分利用学生已有的知识、经验促进学习的迁移

选择提倡生活中较为熟悉的动作概念,给学生以生动、形象的诱导。由于学生对这

些动作、姿势印象比较深刻,因而容易接受和体验,如学习前滚翻时,教师可以用"篮球滚动"来启发学生;要求跳远踏跳的起跳的起跳腿快速蹬离地面时,可用"赤脚踩在滚烫的铁板上"的比喻来提示。语言简练、准确,便于同学回忆,指导自己联系。

可见,迁移总是以先前的知识、经验为前提的。有关的知识技能掌握越多,越容易举一反三,触类旁通。

4. 建立学生良好的心理状态,促进技能的迁移

针对不同学生的不同气质类型进行心理疗法,好胜心强的同学可用"激将法",性格内向的学生则多运用心理暗示,使他们产生强烈的学习欲望,从而有利于加快运动技能的迁移和巩固。因此,教师在整个教学过程中都应帮助学生形成有利的和消除不利的心理状态。

总之,迁移是体育教学中普遍存在的规律,每一位体育教育的工作者,自觉地认识和合理运用迁移规律,使学生在学习动作时收到事半功倍的效果,从而提高教学质量。

第四节　体育教学的结构和原理

一、体育教学结构

（一）体育教学结构模式

体育教学活动存在在一定时间流程与空间形态中。时间控制,主要表现在教学方法安排序列上;空间形态,主要表现在教学组织形式上,而教学结构是实现教学目标、实施教学内容、贯穿教学方法和教学组织方式的必要保证。课堂教学结构是目标、内容、组织教法的纽带,因此,教学结构模式的设计历来都是教学研究的一个重要课题。

在此试对我国学校体育的课堂教学结构做一浅析分析,以教师主导,学生主体的教学思想为指导设计课堂教学结构模式,旨在与同行们讨论丰富的体育课堂教学结构。

1. 当前我国体育课堂教学结构尚存在的主要问题

目前我国体育教学中,以运动技术、技能为主要基本内容,并需要完成多个教学目的的综合课,大多数教师也都习惯于传统的"综合课结构"去上课,每堂课的顺序都是由"组织教学、复习巩固、讲授新知、巩固新知、布置练习"演变而来的体育教学结构。这样的结构看似完整规范,但也存在以下弊端:

（1）知识中心的教学结构跟不上教学目的的发展进程。

从传统课堂教学结构上分析,形成以传授运动技术、技能为中心"为教技术而教技术"的知识中心教学结构。然而教学目的基本内容结构应该为"个性和谐发展观",且这个教学目的在不断扩充和发展,而目前的体育教学的知识中心结构,远未跟上教学目的的发展进程。

（2）以"教"为中心的课堂教学结构忽视了学生学习的主体性。

体育课堂教学大多采用"分解教学—练习—分解教学（N）—练习—完整教学"的递进式结构，缺乏运动的整体感知，缺乏学生已有的运动技能和新运动学习的"矛盾"设计，忽视了学生认识活动的心理过程，没有反映出学生学习的规律和主体积极性，教学矛盾偏重于教。

2. 新型体育课堂教学结构模式

新型体育课堂教学结构模式主要的构成因素为完整的课堂教学论结构、灵活多变的教学法结构和有序递进心理逻辑结构。

（1）教学论结构。

体育教学论是研究和说明体育教学的现象、基本因素、本质以及内在规律的一门科学和学科。教学论结构反映了学科内容、教学逻辑和包含特殊认识过程的课的三个基本阶段，是组织课的一般指令、一般做法。

（2）教学法结构。

教学法结构是对组织一节课的总指令和总算法，是紧密联系的统一体，但又是相对稳定的。教学法的实施顺序和方式可以经常变化，并可以通过某种教学方法的教学法展开并具体化。如情景和问题教学法，课的开始阶段是通过创立问题情境或提出假说等方式引入新的知识；在解决问题或论证假说的过程中附带现实化；也可能以检查或复习上次课所学习的知识等等，视课堂教学目标和教师灵活运用的教学方法体系而排序。

教学法结构的因素就是教师的"教"和学生的"学"所构成的各种活动种类，如讲述、模仿、练习、巩固，等等，是教学的具体体现，"教""学"的可变性为教师创造性、学识和教学法技巧提供了空间。

教学组织形式也是其中重要的因素。"分"与"合"，分小组教学与班级教学的协调，既"班级教学—小组教学—班级教学"。首先集体回授的主要目的是让学生对整体知识的感知，营造群体学习心理氛围和为后续的分小组学习作准备。分解教学采用小组学习，主要体现在学习新技能的阶段中；最后再班级教学，这里的"合"，是反馈教学情况，通过讲评小结，提示重点难点，将知识条理化、结构化的整合过程，并对于"合"中反馈的问题，进行教学回授和纠正。"合—分—合"的操作，既可单轮分合也可多轮分合，其轮次取决于教材、教学需要及教师的教学控制能力。

（3）心理逻辑结构。

心理逻辑结构是联结教学论结构和教学法结构的内部逻辑环节。掌握知识的过程总是从对事实、事件、规则等等的"感知"和"意识"开始的，然后由比较、对比、解释等引导学生到对新知识的"理解"和"领会"，最终将新知识"概括"地融入到以前掌握的知识体系中。心理逻辑结构只能通过教学法来表现，如"复现"通过提问、练习等表现出来；"理解"通过正确的回答、分析运动结构、技术正误判断和正确运用（技术、原理、规则）等表现出来；"概括"通过能够正确组合知识的结构，正确地确定新知识在已掌握的知识体系中的地位等表现出来。

在课的内部结构中还以是否包含探索性活动的步骤而分为两种不同结构的课,一种是复现性掌握的课(非问题性教学的课);另一种是创造性掌握的课(问题性教学的课)。

由上述可见,在学校体育课堂教学的结构模式中,保证外部教学法结构与内部心理逻辑结构的最优组合,是成功设计一堂课的关键,是课堂教学结构的灵魂。

3. 新型课堂教学结构模式所孕育的功能

(1)课堂教学结构模式体现了教学过程的矛盾和矛盾的发展过程。从课堂教学结构模式的整体结构上分析,"再现已知的知识,在新情况下理解原有知识"和"建立问题情境,提出问题",形成学生已有能力和知识水平与新授知识之间的矛盾;"感知新教材,思考理解"和"提出设想和假说",形成解决教学矛盾的过程;"概括,运用"和"检查解决问题的正确性"解决矛盾。教学矛盾贯穿整个课堂教学结构,并成为引导和带动整个课堂教学过程的动力。对矛盾的主、次转化分析,结构的开始阶段的"教"处于矛盾主要方面,而"学"是次要方面,教师主导作用使教学的主要矛盾由"教"落实到"学",最终使学生成为占支配地位的教学主体。

(2)课堂教学结构模式突出体现了学生的主体性。课堂教学结构模式的"完整教学—分解教学—完整教学"有利于学生的运动体验和对运动的整体感知,是引导激发学生主体积极性的重要结构;"班级教学—小组教学—班级教学",发挥了学生主体能动性和小集体思维的小组教学作用,适用于学生的需要、兴趣、爱好、能力和发展潜能,有利于实现学生个性充分和谐的发展。

(二)体育教学的结构生成及其社会功能

体育教学是一个复杂而有规律的系统,有多层要素组成,在推进体育教学的改革和优化过程中,对其进行教学结构分析,能全方位加深对体育教学的认识;同时加深对体育教学社会功能的认识。

1. 体育教学的本质和教学结构

体育教学是由多种要素构成的,如教师、学生、课时、教材、教学方式、教学反馈等。

其中,教师和学生是体育教学结构的基本要素,另外,体育教学要以实现体育课程为目标,以教材和体育器材为载体,在一定的场地环境下进行系统性教学。

体育教学是团体教育,更是终身教育,也是情感交流和身体发展同时进行的教育。因此体育教学的结构生成应当融合个人认知、情感交流和身体发展。

(1)个人认知。

一般来说,学校教育在个人认知能力的主要表现形式有三种:一是概念性认知,即,通过语言等形式形成对外界的概念性理解;第二个是形象认知,通过一定的形象或者对某个形象的想象形成对外界的认知;第三个是运动性认知,通过身体与外界的接触形成的认知。

体育教学属于运动型认知,从而确立了体育教学在教学体系中的地位。

另外，在体育学习中，学生首先通过语言和文字了解基本体育知识，然后通过示范对体育动作形象有所了解，最后通过身体对体育运动产生认知。

（2）创造良好的情感交流环境。

体育教学能使学生在运动和竞技中不断地发现自我，完善自我，因此创立良好的情感交流环境，也是体育教学结构中的一个重要组成部分。情感交流能激发学生学习体育的兴趣，满足学生的表现欲，实现情感的交流和满足。

（3）促进身体的全面发展。

体育教学是直接通过身体对世界产生认知，其教学结构首要一点就是促进身体的全面发展。首先通过多种方式进行体育锻炼，培养健壮的体格；其次，建立正确的体育意识，培养意志力和竞技精神。

2. 体育教学的社会功能

（1）构成学校整体社会功能的一部分。

体育教学是学校教学的一个重要组成部分，因此它的社会功能发挥也是包含在学校教学的社会功能中。学校教育的直接作用是帮助受教育者成为一个独立完整的人，形成个人的"文化形成"，而受教育者的"文化形成"也是把他归属到社会群体中的一个重要考核标准，并且促使受教育者本人在社会中发挥不同作用。

受教育者的"文化形成"是由接受各个学科知识的传授形成的一个整体系统，因此体育教学的社会作用是帮助学生形成自身的体育文化形成。另外，人类社会的不断发展中也形成了多种多样的文化，体育文化就是其中之一。而体育教学正是对人类社会体育文化的传承。

（2）提高学生适应社会和自然环境的身体素质，提升全面素质。

体育的目标是强身健体，增强体质，锻炼意志。学校的体育教学通过多种方式和教学手段来实现这种目标。学生在体育教学中实现体育能力和身体素质的提升，那么在体育教学中打下的身体基础，有助于增强学生适应社会环境和自然环境的能力，这也是人生存的基本能力之一。

人是社会的组成部分之一，个人身体素质的提升，是构成全民身体素质提升的基础。

当红外测温仪接通电源时，AT89S52 单片机自动复位，开始运行程序。程序首先对AT89S52、LED 和串口初始化，然后开始监控串口，当单片机接收到外部设备发送到串口的可识别测温指令时，读取红外测温传感器指令并通过串口发送给外部设备。若单片机监测到串口空闲或者没收到可识别的测温指令，则进行键盘扫描判断是否有按键按下：若无键盘输入，返回程序首部继续监控串口；若有键盘输入，区分键盘值，第一个按键为目标温度测量，第二个按键为环境温度测量，单片机读取传感器内相应温度数据，并将计算的温度值用数码管显示，完成一个工作循环。

（3）提升人际关系等社会交际功能。

人际交往是社会活动中必不可少的一部分，也是个人适应社会的一种必备能力，在社会发展中起着信息交流、情感沟通的重要作用。体育教学的教学方式和教学目标，在帮助学生锻炼身体、增强体质的同时，也在锻炼着学生与他人沟通的能力。首先是学生和教师的沟通和互动，其次是学生之间的互动，另外，体育教学能培养个人对团体或者集体的社会需求心理。

（4）促进心理健康。

体育能保持人的心理健康，缓解现代社会所带来种种生活压力，在提高人身体素质的同时，促进心理状态的良性发展，因此体育教学能对学生的心理状态产生积极影响。体育是一种个人与团体互动的过程，在身体得到锻炼和舒展的同时，会对人的心理产生极大影响。适当的体育运动，能化解心理的孤独和悲伤情感，激发人的积极性和主动性。学校体育教学在学生性格养成中也扮演着重要作用。根据相关调查研究，体育教学能帮助学生养成积极、乐观的性格，增强学生的自信心和意志力。

综上所述，体育教学是一个完整的教学体统，其内部构成要素和结构之间的关系直接影响体育教学的效果，促使学生通过体育教学获得身体、心理和精神上的满足，体验情感交流的快乐，并且展开形成体育文化修养，养成终身体育的意识。体育教学不仅注重"体"，更注重"心"，让学生在体育教学中认识体育运动的本质，从而建立正确的体育意识。

二、体育教学的原理

体育学理简单来说就是进行体育学习或者教学的时候的一些规律，在学生学习体育技能的时候客观存在的一些规律性，这是和动作的难易程度、性质，学生自身的一些条件、努力的程度，老师的教学水平以及设备和气候有着直接关系的。

（一）学习运动技能的规律和给其造成影响的一些要素分析

现在通过对于运动技能的一些学习规律的研究，得到认可的研究成果主要有以下两种：首先是整体结构理论，在进行技能学习的时候主要分成认知阶段、联结阶段以及自动化阶段；其次则是联结理论，在学习技能的时候主要是分成了三个各具特点却又相互联系着的阶段，也就是局部动作掌握的阶段、整个动作能够初步掌握的阶段以及对动作进行完善和协调的阶段。对学生运动技能的掌握起到影响的因素很多，主要在反馈和练习两个方面。在进行练习的时候，影响因素主要是进步的实际情况、练习的时间方面的分配、练习的方法是否正确。若是学生进行单纯的动作学习，取得的进步是比较小的，学习技能的时候可以通过反馈的方式，并且学生对联系结果的了解程度也会直接影响到效率提高。

（二）运动技能教学在会能度的基础上的教研规律

在进行体育教学的时候，教学规律有一定的共性，但是由于项目的不同，教学方法和时间的安排都会有一定的不同，这也是教学的个性，此处便是针对其个性进行了分析，探讨了和会能度有关的教学规律。

1. 教学时数和运动技能会能度分类之间的关系

(1)会与不会区别比较明显的运动技能。在教学的时候,蛙泳和独轮车这两项运动会与不会之间区别比较明显,并且根据调查显示,蛙泳需要十二个学时才能够学会,而独轮车的直线骑行则需要十个学时。用时比较长的主要原因则是在于运动的复杂程度,蛙泳和独轮车都是比较难的,在对这种项目进行教学的时候则应该安排的时间长一些。

(2)中间型的一些完整运动技能。这些运动技能不很复杂,但是包含的一些元素比较多,和学生的日常生活有一定的关系,这种技能由于包含了多元动作和单一动作两种,所以在教学安排的时候应该根据实际的情况进行选择。单一的运动可以安排小单元或者中单元的教学,而那些多元动作结构的技能则应该根据实际的情况安排大单元或者中单元的教学。

(3)会或者不会区别比较小的运动技能。这一类的技能包含了动作和元素都比较少,并且也很简单,和我们的日常生活联系紧密。所以在教学的时候难度比较低,学生稍微一学习或者是不学习都能很好地把握,这一类的运动在教学中,可以安排很少的时间进行练习。

2. 教学方法和运动技能会能度分类之间的关系

(1)采取分解教学法进行教学,将运动的完整技能分成几个小的部分,一段段地进行动作教学。分解法主要包括的类型便是"简化法""部分法""分割法"。

对于那些会或者不会区别非常明显的运动技能,采取分解法教学能够把整个运动简化,根据其复杂性的特点可以通过掌握运动的部分来进行整体的掌握。由于运动技能有一定的组织性,构成部分之间有一定的联系,特别是先后顺序,并且动作的重复性比较低,这也给分解教学提供了方便,但是会和不会区别比较明显的运动本身比较复杂,但是技能自身空间组织性是有一定区别的。比如说进行篮球的跳投,其空间组织性比较高,在进行教学的时候,不能够采用分割法的办法,所以可以采用简化法的办法进行教学,在保证动作完整的基础上,降低其难度。

对于那些中间型的运动技能,也能够采取分解法的办法教学,这一类运动本身具有复杂性,但是这类运动对时间和空间的要求比较低,所以可以采用分解教学的办法。

(2)完整教学法的运用。这种教学方法是指整个动作一次性教完,对于那些比较简单并且组织性比较高的运动比较适用。

中间型中的分立运动自身的复杂性比较低,包含的元素比较少,还有一些中间型的运动自身对于时间和空间的要求很高不能进行分解,所以可以采取完整教学的办法进行教学。

那些会或者不会不存在区别的技能,其本身的匀速比较少,并且对空间时间的要求比较高,不能够进行分解,所以可以采取完整教学的办法来开展教学。

（3）教学步骤和运动技能会能度分类之间的关系。

体育教学的时候，教学步骤应该是比较清晰的，老师在进行教学的时候，必须明确每个步骤之间的联系和关系，对于那些比较难的运动技巧，老师可以先进行分解，学生掌握了部分之后，再采用完整教学的方法，让其将每个步骤联系在一起。

研究运动技能教学对于体育学理论的主要意义在于，把握教学中的规律，让学生更好地掌握好每个动作。老师也可以通过教学得出更多的经验，更好地进行教学。

第二章 体育教学的研究与探索

第一节 体育教学指导思想与制约因素

学校体育教学指导思想是对体育教学活动起方向指导作用的，并以教学目标、任务为核心的基本观点与认识，它从体育教学角度反映了一定时期社会对学校体育、体育教学培养人才的要求，在根本上与社会的政治经济发展水平、学校体育发展水平相适应，以适应当今的社会对人才培养的新要求。按照改革开放时期党的教育方针，人们开始从多角度、多层次的系统出发，进一步确立起生物、心理、社会等多层次的学校体育观。在学校体育指导思想方面，强调学校体育要增强学生体质的同时，为终身体育求基础，为竞技运动备人才，为培养个性全面发展的社会主义现代化建设者服务。

一、体育教学指导思想

虽然高校体育理论界开展过多次有关体育教学指导思想问题的讨论，但至今尚未取得一致的认识。归纳起来，主要有以下几种观点：①体育教学应以增强学生体质、提高健康水平为主，因此提出"体质教育"的指导思想；②"三基"教学是体育教学的中心环节，因此提出"技能教育"的指导思想；③体育教学应以促进学生德、智、体全面发展为方针，以全面完成体育教学各项目标为主导，因而提出"全面教育"的指导思想；④当前国内外教育家都十分重视学校教育中培养和发展学生的能力，所以提出"培养能力"的指导思想；⑤随着竞技体育的发展，许多高校都成立高水平运动队，于是有的学者强调高校要为发展学生竞技能力，提高运动技术水平多做贡献，因而又提出了"竞技体育"的指导思想。此外，还有"快乐体育""主动体育""终身体育"等体育教学指导思想。从现阶段体育教学改革的现状看，各种指导思想都不同程度地在起作用，各种观点都有不同的针对性、时代性和强调的重点。在当前体育教学改革的热潮中，对体育教学指导思想各抒己见，观点纷呈，各种指导思想的提出和争论，是深化体育教学改革和活跃学术气氛的表现，这对于逐步建立具有中国特色的体育教学体制是十分有益的。

体育教学指导思想是体育教学活动的根本方向和目标，体育教学要落实以终身体育为指导思想，就必须立足于现实，着眼于未来，对现有的体育课程进行整体改革，重视体育理论知识的传授，建立"少而精"的体育实践教材新体系，延长开设体育课程的年限，体现"以人为本"的观念，关注学生的身心健康，为学生终身健康服务。

二、体育教学指导思想的主要制约因素

体育教学指导思想的形成和发展具有历史的和逻辑的必然性，但制约这种必然性的因素是多种多样的，这些诸多因素的矛盾运动影响着它的产生和发展。正如恩格斯所说："历史从哪里开始，思想进程也应当从哪里开始。而思想进程的进一步发展不过是历史过程的抽象的、理论上前后一贯的形式的反映；这种反映有经过修正的。这时，每一个要素可以在它完全成熟具有典型形式的发展点上加以考虑。"尽管要理顺这些复杂的制约比较困难，但从系统论的角度把体育教学看成一个系统加以分析和概括的话，我们可以把体育教学指导思想的诸多制约因素分为外部主要制约因素和内部主要制约因素。

（一）外部主要制约因素

体育教学指导思想作为一种理性的东西，综合反映了一种社会现象，绝不是独立地存在，它必然受到某些哲学思想、教育思想和民族习惯及文化观的影响。因为思想史的研究不是单一地研究某一领域，而是站在政治、经济、历史、教育、宗教、社会这一层次上综合地、全面地论述它的理论体系和学说。体育教学本身是由于社会的需要而产生的，它的思想是一种社会思潮、倾向和目的之复合的体现。这种复合体必须依托于一定社会的政治、经济、文化背景而存在，正如我们研究体育思想史时，要把某一体育思想纳入到整个社会背景中去分析它的产生、发展和各种社会因素，当我们从整个社会的政治、经济、文化等背景考虑体育教学指导思想的制约因素的同时，也不能忽视社会生产力发展水平，尤其是科学技术发展水平。科学技术是第一生产力，它的发达程度往往取决于教育发展水平，而教育发展水平标志着教学论和心理学的发展水准。作为学校教育的一个重要组成部分的体育教学，当我们研究其指导思想的制约因素时，就不得不考虑这些因素。

综上所述，我们探讨体育教学指导思想的外部制约因素，必须从全面的、综合的、联系的观点出发，既考虑社会背景，又考虑社会生产力发展水平。

（二）内部主要制约因素

体育教学指导思想不仅受到外部因素的制约，同时还受其系统内部如体育教学的本质特征和功能、学生身心发展特点和规律、传统体育教学观念、学校体育教学发展不平衡和多样性、体育教师的政治水平和业务水平、学生的体育观念和体育态度等诸多因素的影响。

第二节　体育教学体制的目标、内容、方法和评价

一、不断发展体育教学目标

目标是想要达到的境地或标准。体育教学目标是体育教学活动的主体在具体教学活动中所要达到的结果或标准，是教和学双方都应共同遵循的，对教师来说是教授的目标，对学生来说则是学习的目标。理想的教学目标应该是教授目标与学习目标的统一体。由于体育教学目标是在具体的教学活动中所达到的结果，也就意味着，具体教学活动不同，教学目标是有差异的。可以说，体育教学目标是一个系统，由大小不等、具有递进关系的一系列教学目标组合成的。它包括教学总目标、课程教学目标、单元教学目标、课时教学目标几个层次，各个下属目标都是其上位目标的具体化。人们追求的目标，总是有特定价值的目标，有特定价值的目标又总是诱发人们的追求。总之，追求价值是人们产生行为的内在动因。体育教学目标也是同样，它必须有特定的价值，使人们通过选择教学内容、方法、手段等来达到这一价值。

（一）体育教学目标的发展过程

中华人民共和国成立 70 多年以来，我国体育教学目标从单一追求社会需要向追求社会需要与个体需要相结合的方向发展，可以通过六次体育教学大纲的修订过程看到这一趋势。1956 年我国第一套体育教学大纲明确规定体育教学的目标是"培养学生成为全面发展的社会主义的建设者和保卫者"。1960 年高校体育教材规定了体育教学的目标是"增强学生体质，并通过体育向学生进行共产主义教育，使学生能更好地学习、参加生产劳动和准备保卫祖国"。1976 年至 80 年代中期学校体育教学大纲规定体育教学目标是"增强学生体质，使之在德育、智育、体育几个方面都得到发展，成为有社会主义觉悟的有文化的劳动者"。1992 年体育教学大纲规定体育教学的目标是"全面锻炼学生身体，增进学生身心健康；掌握体育的基础知识、基本技能，提高学生的体育意识和能力，为终身体育奠定基础；培养学生良好的思想品德，陶冶学生情操"。2000 年体育与健康教学大纲规定体育教学的目标是"学校体育与健康教学以育人为宗旨，与德育、智育和美育相配合，促进青少年身心的全面发展，为培养社会主义的建设者和接班人奠定良好的基础"。2002 年体育教学大纲规定体育教学的目标是"使大学生掌握体育与健康的基本知识、运动技能和科学健身方法；培养运动兴趣和爱好，形成终身体育的意识、习惯和能力；培养竞争意识、合作精神、坚强意志品质和良好的体育道德，增强控制情绪和抗挫折能力；养成积极乐观的生活态度和健康的行为方式；培养关注和参与社会体育与健康事务的能力"。从以上所列举的目标来看，1992 年以前的体育教学目标要求学生增强体质，在德智体美几方面都得到发展，目的是为社会主义培养合格的建设人才，很明显，这一目标强

调了社会需要，突出了体育教学的社会价值。1992年以后，体育教学大纲对教学目标的表述发生了很大的变化，突出特点是重视了学生身心发展，为学生终身体育奠定基础，在教学中注重陶冶学生的情操等个体的需要，尤其是2000年的体育与健康教学大纲明确指出"应以育人为宗旨"，更加明确了以学生为本的教学目标。从此，体育教学目标才实现了由单一追求社会价值向追求社会价值和个体价值相结合的方向发展。分析我国体育教学目标的发展轨迹可见，它与我国政治、经济、文化教育发展的时代要求相合拍。这个全国统一规定的教学目标，以及为实现这个目标而建立的一套体育教学的基本体系，其主要特征是：教学目标的统一性；教学要求的整体性；教材内容的系统性；教学管理的纪律性。

（二）体育教学目标的发展特点

任何阶段的体育教学目标的规定、发展和变化都是要与当时社会的政治、经济、文化的发展紧密相关的，都要服从、服务于社会的需要，遵循教育的发展规律；体育教学目标涵盖了智育、德育、美育和体育各个方面的内容，具有统一性，从而制定了统一的教学体系；体育教学目标是实现体育目标中的增强体质，增进健康的基本途径之一，在任何阶段增强学生体质仍是体育教学目标的首要目标。体育教学任务是体育教学目标的具体体现，体育教学目标的制定要完全符合全体大学生的身心发展规律和社会发展的实际需要。

（三）体育教学目标的发展趋势

在倡导"以人为本""健康第一""终身体育"教育观念的同时，体育教学目标也从单纯追求学生外在技能学习转向面向全体学生的身心协调发展，打破传统的以运动技能传授为主线的教学体系，构建以学生的个体需要、体育能力、习惯的培养、健身娱乐、体育卫生健康知识传授为一体的新的教学体系。

首先，重视发展学生身体，增强学生体质，体育科学基础知识、体育运动和卫生保健基本知识和技能的传授；其次，在高校体育课教学中，重视学生终身体育态度意识和行为、能力的培养；第三，在高校体育课教学中，强调适应和发展学生的个性，注意培养学生对体育的爱好和享受体育学习的乐趣。

（四）体育教学目标的价值取向

所谓价值取向，是人们价值思维和价值选择的方向性。体育教学目标的价值取向也就是在制定体育教学目标时对体育的价值思维和价值选择的方向性。体育教学目标是体育教学所要达到的目的，是一切体育教学活动的出发点，又是归宿，同时也是体育教学目标的价值得以实现的可能，体育教学目标的价值取向分为社会本位和学生本位。社会本位要求教学以社会为价值主体，满足社会需要，把学生培养成社会所需要的人。学生本位要求教学应满足学生个体的需要，教学应以学生的兴趣、需要为出发点，让学生自由地、自然地发展。

二、深入改革体育教学内容

（一）体育教学内容的概念

目前在我国体育教学内容的概念还没有一个统一的定义，体育教学内容的概念有如下三种：第一，体育教学内容是依据体育教学目标选择出来、根据学生发展需要和教学条件进行加工的，在体育教学环境下传授给学生的体育知识原理、运动技术和比赛方法等，体育教学内容与体育教材的意思基本相同；第二，为实现体育教学目标而选用的体育卫生保健基本知识和各种运动动作；第三，体育教学内容指的是在体育教学活动中，传授给学生的体育与健康知识、技术技能、培养思想品德、发展智力、体力的总体系。作者认为，体育教学内容是针对体育教学目标而选择的有利于促进学生身体健康的各种体育理论与运动活动的总称。

（二）教学内容的改革

高校传统的体育教学内容与中小学雷同，多而杂，重点不突出，且无针对性。缺乏培养学生从事体育活动的兴趣、爱好、习惯以及独立进行身体锻炼的能力。体育课教学内容中，轻视理论知识教学的现象非常严重，体育人文、体育锻炼等有关科学知识的传授，缺乏针对性、时效性和长远性，学生对自己的体育实践往往没有深刻认识，因此难以在课后自觉锻炼。高校体育与社会体育断层，缺乏连续性和统一性，教材选择缺乏终身受益的内容，使不少大学生大学毕业后，体育活动也就终结了。因此作者认为，对体育教学内容应从以下几个方面进行改革：

1. 健身性

健身是体育的本质功能，也是体育教育追求的最根本的目标。尤其是面临着当今学生体质、体能下降的现状，更应选择健身强体的体育内容，比如我们在每一次体育课都加进了素质锻炼的内容。

2. 教育性

教育性即选择的内容蕴涵着丰富的教育因素，对学生的体育意识、体育行为、道德品质、人格完善能产生深刻影响的内容。比如教师穿插在课堂中，寻找恰当的时机讲解课的理论意义和实际意义。

3. 针对性

针对不同的教育对象，采取不同的措施，不可千篇一律，多鼓励，充分调动学生的参与意识。

4. 娱乐性

娱乐性即选择体育内容具有趣味性、游戏性与新颖性，对放松身心、消除疲劳、调节情绪、改善心态、丰富生活具有积极作用的项目,如攀岩,定向越野等。

三、创新体育教学方法

　　长期以来,我国的体育教学,一直以技术教学、技能教学、体能培养为主导思想,运动成绩为主要要求,生物体育、体能体育成为高校体育建设的目标,因而注重运动教育、技能教育、体能教育,注重教学的形式、结构、内容、方法、手段、要求、考核、评价等的统一性与标准化。在中华人民共和国成立初期和社会经济大发展初期,这种体育教学适应国家建设所赋予高校体育的目标和要求,促进了体育的发展,具有积极的意义。当前国家经济转型,世界文化交流激增,旧体育思想和观念的局限性与片面性突显。体育教学如何与整个高等教育发展相协调,如何适应转型期体育建设的主题,如何适应人才培养的新模式,这是我们在21世纪从根本上改变现状,摆脱桎梏,创新高校体育发展模式的关键,也是能否在新形势下全面展示体育育人功能的关键。本着结合高校体育的实际,从教学方法入手,慎思素质教育及"健康第一"对体育教学提出的本质要求,以实践研究为基础,突破传统教学方法中不适合时代要求的内容。重新审视体育教学的教育本质,强调教师的导学与导练,让学生通过高校体育的教育具备一种自学自练的体育能力,以此推进体育教学"课内外一体化"整体性改革进程,促进高校体育适应时代发展的要求。

(一)当前体育教学方法存在的主要问题

　　1.教学方法单一

　　当前,很多高校体育教师由于受到过去传统落后的教育思想观念的影响和制约,在开展体育教学活动中,往往存在教学方法比较单一的问题。在教学活动过程中,一些高校体育教师仍然停留在以传授体育技术为主要教育目的的方法上,一般都表现为继承讲解、示范、练习等传统落后的教学方法。这样,教学效果可想而知。必须进一步转变教育思想观念,继承和发扬传统体育教育的长处,不断创新体育教学的方式方法,更好地为开展好体育教学服务,促进学生身心的全面健康发展。

　　2.传统教学思想严重影响当前体育教学方法的革新

　　传统的体育教学方法是教育者有目的、有计划、有组织地对受教育者施加的各方面的影响,以期改变受教育者的心理和生理现状,使教育者达到预期教育目的的活动。这种传统的体育教学观念往往只注重强调教育者主体作用,而忽视了受教育者的主观能动性的发挥。在推行素质教育和创新教育的今天,传统教学方法已经严重阻碍当前体育教学改革的发展。在传统的教学思想的禁锢下,学生在体育教学活动中一直处于被动、消极、受压制的地位,许多学生对体育课产生消极情绪,因此,改革体育教学方法,使学生课内与课外一样生气勃勃、积极主动。

　　3.忽视学生主体作用的发挥

　　教学以教师、课堂、教材为中心,强调严密组织、严格纪律,重视教师"主"的作用,为了实现完整的教学进程,教师作为传授知识方面无可厚非。在真正的学习过程中,学生是主体,教学的主要目的是为了让学生通过教学有所获得,所有教学方法与形式的选择应该为这个目标而服务,所以在尊重教师作为掌握整个教学进程的主体作用的同时,更要尊重学习主体,学习主体的实际需要与个体差异是教师教学的依据,只有这样,才能使教学有章可循。

(二)体育教学方法改革的目的

众所周知,在高校体育改革中教学改革是重点。改革体育教学方法,加强学生获取知识的能力和对学生创新精神的培养,是深化体育教学改革的重要内容,对提高办学效益,保证体育教学质量的提高,具有重要的现实意义。1982 年 8 月,邓小平同志在视察北京景山学校时指出:"教育要面向现代化,面向世界,面向未来。"深刻地阐明了我国社会主义教育的战略目标。当前,从整体上看,从社会发展的观点来看,高等体育教育面临的将是信息化的社会和知识经济的社会,国力的强弱越来越取决于劳动者的素质,取决于各类人才的数量和质量,这对于培养和造就我国社会主义建设急需的一代新人提出了更加迫切的要求。体育教学方法改革的目的在于适应时代发展的需要。改革的目标是培养有知识、有能力的、社会认可程度高的、全面发展的人才。

(三)体育教学方法改革的措施

1. 更新教育思想和教育观念

深入开展体育教学方法的改革,必须进一步更新教育思想和教育观念。高等学校体育教育必须树立全面加强素质教育,树立终身体育思想,增强质量意识等现代教育思想和教育理念,充分认识体育教学方法改革在整个教育教学改革中的地位和作用,把以教师为中心、以课本为中心的传统教学观念转变为以学生为中心、以学习为中心的现代教学理念;把重知识传授、轻能力培养的观念转变为既传授知识,又重视能力的培养,更重视素质教育的观念。在提高认识、转变观念的基础上,把体育教学方法的改革不断引向深入。

2. 实现新型教学模式的创新

创建以学生为主体的新颖教学方法是当前高校教学改革的主要目标之一,是改变传统的教学模式,建构一种既能发挥教师的主导作用又能充分体现学生认知主体作用的新型教学模式。在这种新的教学模式下,教师是教学活动的指导者和组织者;学生是知识的主动发现者和探究者;教学过程以学生的意义构建为核心,通过建立教学情境,师生之间、学生之间的讨论、协作,与理论紧密结合的实践,使学生达到发现知识、理解知识,并通过意义构建形成自己的知识结构。新型体育教学模式就是在先进的体育教学思想和教学理论指导下建立起来的适应各种类型教学活动的基本结构和框架。这些新的教学模式的出现,有的取向于各种模式的综合运用;有的取向于师生关系的建立;有的取向于教学内容;有的取向于技能学习与学生心理发展。实现学生从被动学习到主动学习,从生理改造到终身体育意识的培养,从能够学习到学习水平的提高,都是新的教学模式下教学方法的创新成果。

3. 改革体育教学的内容

体育教学内容是指为实现体育教学目标而选用的体育卫生保健基本知识和各种运动动作,它是实现体育教学目标的根本保证。方法是内容的运动形式,体育教学方法依体育教学内容而存在,它的选择和运用受体育教学内容的制约。首先,体育教学内容的形态制约着体育教学方法的选择。其次,体育教学内容的复杂程度制约着体育教学方法的选择。一定的教学条件下,体育教学内容过多,会造成体育教学方法的单一性,而将教学内容减少或压缩一些,就会促进体育教学方法选择的多样化。所以在体育教学过程中,教师只有独立地对体育教学内容进行重新加工,真正掌握其特点,并把它们转化为自己的知识体系,才能在体育教学方法上获得选择与创新的自主权。

4. 重课堂,优化教、学、练

体育教学方法的优化,不仅在于体育教师"教"的优化,更应包括学生"学"、"练"的优化。教学家陶行知先生认为"好的先生不是教书,不是教学生,乃是教学生学","教"应该着眼于学生的学和练,优化教育教学过程应该突出学练法的研究。所谓体育教法是教师依据体育教学目标,根据体育教学内容,向学生发送信息,传授体育知识、技术、技能的方式方法;而学法就是学习体育的基本规律、基本方法。因此,优化教育教学方法应该从两个层面入手:第一,要通过教学方法的优化使学生"要学";第二,要通过体育教学方法的优化使学生"会学"。体育教学过程中教师既要注意学习认识规律、身心发展规律、运用技能形成规律的渗透,还要及时对学练方法加以优化,努力改进教学,以适应学生掌握和运用学练法。一切教法都要力求使学生会看、会做、会说、会练等。当教师的教学方法着眼于学生的学与练,引导学生达到先是"要学",继而"会学"的境界时,"外因通过内因起作用",学生产生了兴趣,掌握了练法,体育教学的实施才能产生预期的效果。

5. 积极培养学生的创新意识

积极培养学生的创新意识,是创新体育教学方法的重要策略之一。首先,要创新思想认识。坚持发展娱乐体育与健身体育的有机结合,这是转变高校体育教育思想观念的具体体现,更是当前体育教学的根本任务。其次,要创新教学内容。教师应当结合实际选择一些符合学生身心健康发展的、深受学生喜爱的体育项目内容开展具体教学活动。这样,就可以切实改变体育教学内容枯燥乏味的不足。再次,要创新教学方法。教师可以结合学生的需要,采用启发教学方式以达到引导学生自己动脑、动手思考和解决问题,进而不断激发和调动学生的积极主动性。可以运用发现式教学方法,不断培养学生发现问题、思考问题、分析问题的能力。也可以运用学导教学方法,促使学生积极自主进行学习,从而培养锻炼学生自觉性、主动性,不断养成学生自我锻炼、终身锻炼的行为与习惯。

6.把握体育教学方法的整体性

体育教学方法的优化，不能局限于就教学方法来研究教学方法，而应用系统考虑构成体育教学方法体系中的各种因素以及它们之间的内在联系。首先，要把体育教学方法作为整个体育教学系统中一个重要因素，在体育教学过程诸要素之间考察其作用与效果。事实上，体育教学方法总是和具体的教学内容相联系并与一定组织形式相结合的。其次，要把具体的方法作为一个要素来研究，力求各要素的最佳组合。实现体育教学过程最优化，并不是将传统的体育教学方法摒弃，而是在提高质量的同时，使它们在具体的教学情境中实现最佳的组合。体育教学的特点决定了体育教学方法的多样性，它们各自的优劣只是一个相对的概念，所谓"好的教学方法"，实为"最适当的教学方法"，是相对具体的目标而言的。如"手把手"的方式教学用来使学生体会某些技术要领，获得"运动感受性试验"是行之有效的，但并不适用于所有技术。现代化的直观教具如电影、电视、幻灯等的运用大大丰富了直观教学手段，但也在一定程度上影响学生抽象思维的发展。可见多种教学方法都有其优越性和局限性。要根据各种教学方法的相互联系和辩证关系取长补短，相辅相成。发挥体育教学方法本身的整体综合效应。现代信息技术在体育教学中的应用，不仅为老师提供了新的教学方法，同时也为老师和学生营造了很好的交流平台。让教学更自然地延伸和发挥其应有的效果。根据具体情况认真研究课程建设、改革教学方法，从而营造一个现代化的教学环境是现代教育改革的必然要求。

四、完善体育教学评价体系

体育教学评价具有对体育教学活动及其效果进行判断，通过信息反馈调控教学过程，保证教学活动朝向和达到预定目标的功能。目前，高校体育课程的改革已成为高校体育教师论及的热点问题。其中，注重让学生体验运动乐趣和发展学生主动性的体育教学模式，正在被许多高校所推广。但是，由于教学评价在我国起步较晚，不论是理论研究还是实践操作，都还处在一个不断发展的时期，作为教育评价的一个分支，体育教学评价工作开始更晚，许多方面还处在探索之中。由于与新的体育教学模式相配套的体育教学评价体系还没有及时推出，仍采用旧的体育教学评价体系评价新的体育教学模式，因此，推出新的体育教学评价体系是当前急需解决的问题。

（一）传统体育教学评价分析

传统的体育教学评价方法，采用运动项目测试的成绩给学生评分，这种方法是描述学生的个体水平及其在群体中所处的位置，对学生排名次，不能客观地反映学生学习的前后变化，作为体育教学效果评价不够合理。用什么样的评价方法来描述学生个体在学习过程中的变化程度，从而更合理地为学生评分，作者认为这是研究体育教学评价的目的。

1.体育教学目标认识的误区影响着体育教学评价的方向

体育教学目标影响着体育教学评价方向。关于体育教学目标的确立，一直存在着不同的观点：在学校体育目标与体育教学目标的异同上，在体育教学中增强体质与提高健康水平的互相联系上，在提高运动技能水平与掌握锻炼身体的方法上，在提高运动技术技能与掌握手段的互相关系上，在对终身体育意识和体育能力的认识上，甚至在教师主导作用上都存在一些误区。由于体育教学目标的内涵不明确，层次模糊，导致课堂教学任务的确定、教学内容的选择、教学方法的应用都受到影响。这种体育教学目标认识的不一致，必然会在教学评价体系的具体指标中反映出来，并对体育教学的方向产生影响。

2. 注重评价指标定量化导致评价结果的片面

注重量化，强调可操作性、可比性，是体育教学评价的一种倾向。人们认为量化的东西比较客观，便于操作，其结果的可比性也很强，因此热衷于进行定量分析，忽略了对评价目的和评价理论的深入研究和认真分析，这种片面性主要表现在评价指标体系总是以能直接量化的因素为主体，如学生的技评与达标成绩，学生的达标比例，上课时学生的密度、强度、运动量曲线等，然后将不易量化的教学行为采取分级量化的形式，对优秀、良好、及格、达标、不达标等级给予相应的分数，而那些在体育教学中很有意义，但很难量化的因素却被忽略了。如学生正确的体育态度的形成、情感意识的发展、终身体育意识的树立、体育能力的自我超越等，都是体育教学目标的重要因素，应该作为体育教学评价的重要内容，大多在评价体系中没有体现。显然，这样的指标评价体系是不完整的，评价结果是片面的。

3. 结果的功利性影响评价结论的客观性

运用客观标准对体育教学进行检查，并通过认真分析和评判，得出结论，然后进行信息反馈，以进一步改善教学，这是体育教学的出发点和落脚点。教师自己主动评价时，这种指导思想容易得到体现，一旦评价的结果同教师评优、晋职等联系起来时，就蒙上功利性色彩，得出的评价结论往往就会变得复杂起来，评价者可能就会考虑各种与评价无关的因素，只肯定成绩，对改进教学的意见却闪烁其词，避而不谈，使评价结论失去了公正性，不能客观地反映评价的真实情况，体育教学评价就失去了它应有的价值。

（二）高校新的体育教学评价与传统体育教学评价的区别

1. 评价的指标所体现的作用不同

传统体育教学评价的作用在于学生对总量掌握了多少，而新体育教学评价除了具有传统体育教学评价的功能外，还包含学生完成目标的情况。

2. 评价对象的影响范围不同

传统体育教学评价对部分学生的影响是消极的，有的学生"不努力都行"。而有的学生"怎么努力都不行"。而新体育教学评价要求所有学生都要确立目标，影响范围广，是积极的"只要努力就行"。

3. 由终结评价向过程评价转化

传统体育教学评价定位于教学内容结束时的最后评分，而新体育教学评价考虑的是起始目标到终极目标的变化程度,是过程目标和终极目标的结合。

(1)评价从重结果向重过程转化。目标评价的目的是通过评价教学过程,从而达到督促和鼓励学生学习,修正和改进教师教学方案的作用,发挥反馈功能。

(2)评价内容从单一向多元转化。影响体育教学评价的因素是多方面的,它是对学生学习效果的多因素评价。

(3)评价方法从定量到定量与定性相结合转化。体育教学评价包含着学生的情感态度等非智力和非体力因素的结合,定性分析纳入评价的内容,量化指标的重要性相对降低。

(三)新的体育教学模式与传统体育教学评价间存在的问题以及解决的办法

1. 主要问题

新的体育教学模式与传统体育教学评价标准间存在的主要问题,将会导致学生所学的项目与所考的项目不一致,致使学生不重视学习过程,从而挫伤了学生的学习积极性和主动性。

2. 解决方法

(1)给学生一个较大的选择空间。不论学生在每学期当中选择什么专项,除了进行专项内容的考试外,还应对几个规定的项目进行考试,他们就会自觉地去练习要考试的项目。这样可促使学生养成自觉锻炼的好习惯,从而为学生从事终身体育锻炼打下良好的基础。

(2)给体育教师一个较大的评价空间。每个学生在体育基础、体质状况等方面都存在差异,体育教师在上课时要摸清每个学生的情况,对学生评价因人而异,根据他们上课的态度、进步情况、成绩差异等进行综合评价。从另一个角度说,体育教师得到了一个宽松的上课环境,可以对那些少数认为自己体育成绩可以轻松过关而又不好好上课的学生,给予适当的减分,而对那些体育基础虽然较差,但认真上课的学生,给予适当加分,这样对学生的评价就比较合理和公平。

(3)给学生自我客观评价的机会。我国现行的评价标准都是由教师完成的,体育学科应该尝试学生自我评价的形式,让学生自己做一个较全面的回顾,然后对自己的体育学习进行小结,这样对学生今后的体育学习态度和学习热情十分有利。当然,学生自我评价前,教师首先要给学生强调自我评价的客观性,如果发现学生自我评价有较大的水分时,体育教师要参与其中,帮助学生端正态度,给自己一个客观的体育自我评价。

(4)引导学生互评。教师对学生的了解,不如学生之间的了解。采用学生互评方式,可使评价的真实性更高,同时,学生互评能够避免学生自我评价的较大水分。因此,将学生互评与学生自我评价、教师评价结合起来,对学生的学习评价更客观、更全面、更立体。

(5)引入相对评价。教育部 2002 年颁布的《全国普通高等学校体育课程教学指导纲要》规定,要把"学生的进步幅度纳入评价内容"。如学生在此学期开学时的体育成绩较差,经过一段时间的努力后,成绩有了很大的进步,但仍未达到现行的体育评价标准中的合格标准,这时体育教师就可以根据相对评价的原则对这部分学生进行正确的评价。

(6)将评价的标准区间值增大。我国现行的体育教学评价标准把分值划分得很细,这样容易使学生只注重体育评价的结果,而不注重体育锻炼的过程,使学生产生急功近利的思想。在国外一些著名高校的教育体系中,所有的学科成绩评价均采用A、B、C、D、E5个档次。作者认为,可以将这种方法借鉴到我国的体育教学评价中来,把国外的这个标准换算成我国的百分制,20分一个等级,制定评价标准时可以实行这样的分级制度,把学生引导到注重体育锻炼的过程中来。

第三节 体育教学现状的分析和创新设想

一、体育教学现状的分析

(一)忽视体育科学传授

当前高校的体育理论教材不仅比重偏小,而且内容粗糙,缺乏实效性、针对性和长远性,实用价值不高,未形成一个适应现代发展的大学生体育理论知识体系及相应的教育检查和评定措施。学生对自己的体育技术技能知其然而不知其所以然,不清楚自己是否需要这些练习,故而难以在课后进行自觉锻炼。

(二)体育教学目标狭窄

高校体育与社会体育断层,缺乏连续性和统一性。两者之间尚未开辟出教育通道,过分注重学生的现实锻炼,盲目追求体育教育的近期达标效益,片面地将增强学生体质的教育目标归结为增强在校期间学生的体质,缺乏培养学生从事体育活动的兴趣爱好、终身参加体育锻炼的习惯和独立进行身体锻炼的能力。

(三)教材杂乱而不精

教材的选择过多地从运动技术角度考虑,过多地强调传授以运动技能为中心的教学,偏重运动外在表现形式,大多活动项目缺乏终身受益内容,远远不能适应大学生成年后的运动要求。由于缺乏一定的终生健身运动项目,不少大学生从学校毕业后体育生活也随即停止。一个大学生接受了十几年的体育教育,在他走上工作岗位后,竟与体育分别,这与体育教学忽视培养学生健身意识、能力和习惯有直接关系。

上述情况说明,在体育教学中盲目地把运动技术传授抬到至高无上的地位,忽视学生身心发展的特点和个体差异,把许多难度高、技术复杂的竞技运动项目原封不动地搬到体育教学中来,并统一教学要求与考核标准,而采用的教学方法与教学步骤又是专业院校专项教学方法的浓缩,致使学生望而生畏,难以掌握技术,从而产生厌学情绪。

二、创新体育教学现状的设想

（一）树立全新教学观念

明确体育教学在当前形式下的重要职责，坚定地树立起崭新的体育教学观念。

（1）体育教学是培养新世纪人才必不可少的教育环节，高校育人的目标不单是向学生传授科学文化知识，更需要注重的是学生的德、智、体综合素质的培养。

（2）着眼于未来新时代的新要求，以终身体育锻炼取代传统的课堂体育教学观念，着重培养学生的终身健身理念。

（二）加强基础理论知识学习

高校学生应不断提高认识与学识修养，应具备不断发展的能力以适应新变化的出现，应具有从缺憾向完美阶段前进的潜能。因此在设置体育课程的具体内容时，应增加运动原理、强健体质以及人体、物理力学等理论知识。并且要具有突出性、实效性、指导性、针对性与时代性，使学生能够在体育教学中终身受益。

（三）加强硬件设置建设与师资力量投入

体育场馆、运动器械与师资队伍的质量是培养高素质学生的必备条件，改善场馆设施是提高高校体育工作水平的当务之急。制约高校人才培养和高校体育改革的又一重要因素是学校师资队伍的质量，由于当前知识更新速度快，交叉学科和边缘学科发展迅速，所以只有适应高速发展的高素质教师才能培养出高素质的学生。因此，应该加强教师之间的学术交流活动，定期派遣教师到先进学校进行学习，以提高教师教学的水平与能力，并鼓励体育教师积极参与相关的科研活动。

（四）将"终身化"作为体育教学的宗旨

社会的发展需要终身化体育，同时也是人们工作、生活的基础性需要。从体育教学的实际情况以及全民身体素质的实际情况出发，增加体育课时，延长体育教学年限势在必行。在大学体育教育阶段进行全程体育课程教学，并贯穿于四年大学教育的全过程当中，以提高学生主动健身的意识，使学生认识到终身健身锻炼的重要性，从而保证学生在毕业后依然能够熟练运用两种以上的锻炼方法和手段，真正实现体育锻炼终身化。

第四节　体育教学环境的设计与实施

一、体育教学环境的构成因素

（一）体育教学环境的物质环境

高校体育物质环境是指体育场馆、体育器材等。良好的物质环境是保证体育教学和体育活动开展的重要物质条件,是实现体育教学目标,提高学生健康水平的重要物质支持。高校漂亮、宏伟、造型各异的体育场馆,是激发学生体育兴趣,保持参与锻炼的动力之一。

(二)体育教学环境的制度环境

制度作为约束和强化实践活动的组织内容,高校的体育制度是保证学生锻炼时间、提升体育开展约束力的重要内容。当期高校的体育制度主要指学校体育工作条例等,各个学校制定适合学校体育活动开展的制度,也是保证体育教学开展的重要依据。灵活、严谨的制度环境是提升高校体育环境建设质量的重要保证。

(三)体育教学环境的舆论环境

良好的体育舆论导向能够有效地发挥体育先进人物、先进事迹的激励作用,提高大学生从事体育锻炼的积极性。在更高的层次上,提高大学生对体育的认识、体育习惯的养成、参与体育锻炼的动力等。体育舆论环境是实现大学生从被动接受体育转变成主动参与锻炼的条件。

(四)体育教学环境的心理环境

体育教学的心理环境是体育教学中无形的、动态的软环境部分,主要包括班风与校风、学校体育的传统与风气、体育课堂常规、体育教学中的人际关系等。体育教学中的人际关系主要是体育教师与学生的关系和学生与学生的关系。

二、体育教学环境的设计

体育教学环境对体育教学活动至关重要,体育教学环境在体育教学活动中处于至关重要的地位。良性的体育教学环境对体育教学活动起着积极的作用,这种积极的影响作用于体育教学目标的达成,教学内容的丰富,教学原则的落实和教学评价的完善。

(一)体育教学环境的现状

体育教学环境的现状并不理想。一方面是领导不重视,另一方面来自于部分高校自身物质环境的劣势。许多学校没有体育馆、游泳馆,部分学校体育设施不健全,还有部分学校没有良好的体育传统,学校不重视体育场地的建设和维护。另外,很多高校师生和学生之间的人际关系紧张,一半以上的学生觉得本校体育场地的布局不合理。在有体育馆的学校,对体育馆的建设和维护上也存在多方面的弊端。总之,目前高校的体育教学环境远远达不到学生和社会的要求和期望,体育教学环境急需设计和优化。

(二)体育教学环境设计的原则

1. 教育性原则

高校是一个特殊的环境体,高校的作用在于净化身心,启迪知识。因此对体育教学环境的设计和优化要注意教育性原则,要有利于激发学生的体育思维,有利于提高学生的体育动机,有利于陶冶学生的体育情操。

2. 科学性原则

将体育教学环境的设计与优化从体育教学目标、体育教学内容的实际和特点出发,尽可能满足体育教学活动的各种需要;体育教学环境的设计与优化要符合学校美学、生态美学、建筑美学等基本要求。

3. 系统性原则

高校体育环境构建是促进教育优质化实施的措施之一,是高校体育部门的任务,也是高校多个部门相互支持的结果。从系统观的角度出发构建体育环境,首先要求要提升环境的系统意识,以发展高等教育为目标,做好高校体育环境建设的资源开发和共享。第二,提升高校体育制度的有效性和适用性。第三,加强高校体育舆论宣传,促进学生参与体育锻炼的积极性,更好地带动高校体育环境氛围的建设。

4. 区别对待原则

体育教学环境的设计与优化要考虑不同年龄、不同性别、不同身体素质的学生身心发展的基本规律,要照顾大多数学生的需要,另外要特别关注部分特殊群体的需求和个性发展需要。

5. 人文性原则

所谓人文性原则是体育教学环境的设计与优化要始终以学生为本。各种体育教学物质环境的设置不仅要体现对学生的人文关怀,考虑到学生的生命安全、卫生等,而且还要营造出和谐的、充满人性的、民主平等的氛围。

6. 实用性原则

所谓实用性是体育教学环境的设计与优化,要根据各个高校的实际情况和实际经济条件,符合经济、高效、实用的宗旨。注重体育教学物质环境的因地制宜以及体育教学心理环境的独具特色,形成各个高校的特色。

三、体育教学环境的实施要素

(一)以学生发展为主,提升环境对兴趣的激发效果

要充分利用高校体育课程的开展,提升高校体育环境的使用和改进空间,充分保证体育环境的建设进程。通过认真组织和实施体育课,保证学生掌握体育技能的有效性,不断提升学生的体育意识和体育观念。充分借助高校的文化优势,加强对新兴运动项目、新生体育明星的宣传,更好地激发大学生参与运动的激情,保证体育环境创新特点的延续。其次,要不断增强体育学习内容的新颖性和适用性,在促进学生体育技能、体育意识发展方面,构建体育教学的环境氛围。

(二)加强高校体育制度环境的创设,提升体育教学的规范化

在高校体育环境创建的过程中,要在遵守学校体育工作条例的基础上,制定适合高

校体育环境形成的考核办法,加强对大学生运动会、课外社团、竞技比赛等管理制度的制定,从场地场馆使用制度,到运动员选拔制度,都按照一个良性的运作过程,来提升制度环境创建的有效性。

(三)创建适合高校学生身心发展的体育环境

高校学生在接受体育教育的过程中,身体素质得到了一定的发展,如果对于一些所谓的"优秀课程"不假思索地照搬,结果就是很有可能造成学生对体育课的敷衍了事。因此,只有选择合适的体育教学内容,才能够使学生真正爱上体育课。

(四)充分利用高校的体育教学物质环境

充分利用学校已有的各种有利的环境条件,创设具有特色的学校体育教学环境。在体育教学环境的设计与优化中,各个高校要充分挖掘,精心设计、开创和突出各个高校的体育教学特色,合理地变通将不利的体育教学环境转化为有利的体育教学环境。

(五)加强体育课堂教学管理,营造宽松、和谐、民主的体育课堂氛围

从基本的规范强化课堂的教学管理,同时发挥骨干的作用,帮助学生进行自我管理,提高学生在体育教学活动中的自我约束能力。培养学生主动参与体育学习的态度和习惯,让学生主动参与到体育教学活动中,注重课堂教学活动中的人际情感交流,形成教师与学生互相激励、互相鼓舞的良好情感氛围。

第五节　体育教学模式发展趋势研究

学校体育是国民体育的战略重点,这是我国体育理论界早已达成的共识。高校体育是学校体育的最后一环,与社会体育紧密相连,其教育效果与整体发展水平对我国正在实施的全民健身计划起着举足轻重的作用,因而应站在历史的高度,以战略的眼光来认识高校体育教育改革的重要性和迫切性。教育改革应以教学改革为核心,而教学改革的核心则是课程设置和教学内容的选择。作者在本节中把高校体育的目的任务定位于健康教育与终身体育意识的培养和发展上,并以此为基点,力图构建一个理论依据充分、实效性和可操作性较强的体育教学课程模式,并对这一课程模式的整体运行机制作初步探讨。

教学模式是按照一定原理设计的一种具有相应结构和功能的教学活动组合或策略,它既是教育系统和教学过程的具体化和实践化,又是教学形式和教学方法的综合载体。

一、构建体育教学新模式的对策分析

(一)构建普通体育教学新模式的分析

构建一个完整的体育教学模式包括教学思想、教学目标、教学结构和教学方法等诸

多方面,因此改革体育教学模式,实质上就是对体育教学过程的重新整合,其结构是否合理主要看教学的组织形式和方法是否适应学生的需要,是否最大限度地实现教学目标。目前普通体育教学模式存在着一方面众多体育教学思想一齐涌入体育课堂;另一方面高校体育为体现有别于传统的教学思想,在教学中尽可能多地接纳,造成体育教学主题分散、华而不实、负担过重。目前高校广为采用的以班为群体形式,虽然整齐划一,秩序井然,便于教学管理,却不易于对大学生的个体差异、兴趣爱好、掌握技术的能力等进行卓有成效的教育与培养,这显然不利于教学目标的实现等等。

（二）构建体育教学新模式的对策

（1）明确体育教学应遵循和坚持的指导思想。

（2）依据指导思想,改革体育教学内容与教材。

（3）改革体育教学班的组成方式,让学生在不同的学段选择参加不同项目组合的教学班。

（4）改进教学方法,当前,应着重研究如何根据多样化的课程内容和针对不同的教学对象采用有效的教学方法。

二、适应素质教育要求，构建新的体育教学模式

从以上几种模式可以看出,教学模式越来越重视发展能力,重视学生的主导地位,各种教学模式互相借鉴,共同发展。要充分发挥教学模式的作用,优化教学结构,必须树立正确的体育教学观念。

（一）树立全面育人的体育教学观念

体育教学应当从培养跨世纪的德、智、体全面发展的高素质人才出发,给予大学生全方位的教育,即体育教育、健康教育、竞技教育、生活教育和娱乐教育等。

（二）树立主动体育的体育教学观念

在体育教学中,既要充分发挥教师的主导作用,又要注意发挥学生的主体作用,努力调动学生学习体育和锻炼身体的主动性和积极性,激发学生对体育的兴趣,让学生主动地、自觉地体验体育学习的乐趣,从而促进学生身心健康发展,培养学生终身从事体育锻炼的习惯。

（三）树立三维综合评价的体育教学观念

在评价体育教学效果时,不能仅仅以提高生理机能为标准,追求生物学改造的效果,而应该从生物、心理和社会三维的角度来综合评价体育教学的效果。三维体育的教学观,反映了体育教学是一个多功能、多目标的动态系统,它通过大量的体育教学实践取得效果。

三、新的体育教学模式的设计

（一）第一学年：基础课

以全面锻炼和提高身体素质为主，通过体育基本知识的传授和基本技能的培养来实现高校体育的目标。可根据具体的场地器材等条件，充分发挥教师的主导作用和能动作用，使学生身体素质和身体技能得到全面发展，为参加第二学年的选项打下基础。考核时，以全面的素质指标和技能指标为主。

（二）第二学年：选项课

根据学校场地、器材和师资等情况，按项目开设若干个选修班，由学生根据自己的特长和兴趣，选择项目和教师。在具体的实施过程中，每个项目根据学生掌握技术的情况可分为初、中、高级班，既可满足学生初选，又可满足再选。体育特长生可根据项目编入高级班。考核时，以技能指标为主，结合一定比例的素质指标。

（三）第三、四学年：俱乐部协会制

俱乐部教学模式使高校体育与社会体育接轨，它在树立学生终身体育思想和培养终身体育习惯方面的作用是其他教学模式难以替代的。可集中开设一些项目，以学生自我锻炼为主，开展有偿性教学。这不仅有利于增强大学生的体育意识，培养经常锻炼身体的习惯，也有利于把大学生的体育教学过程延伸到高等教育的全过程，保持体育教学与课外活动的统一性和连贯性。

四、新的体育教学模式构建的依据

（一）新时期对传统体育教学模式变革的需要

新的《全国普通高等学校体育课程教学指导纲要》要求"把健康第一的指导思想作为确定教学内容的基本出发点，同时重视教学内容的体育文化含量"。面对新时期社会、经济、文化的快速发展，学生在学校所学的知识很可能在离校不久便过时了。因此体育教学应该使学生了解终身学习的重要性，培养学生终身学习的习惯和技能，使其走向社会后，能够成为终身学习的实践者。

（二）新时期对体育教学改革的要求

体育教学改革必须做到：体育的终身化、体育的民主化、体育的多样化和体育的个性化。体育的终身化就是打破学校体育的原有空间和时间的限制，把体育扩展到社会和人生的每个阶段。体育的民主化就是打破不平等、不民主，改变以教师为中心，学生被动服从的教学关系。体育的多样化就是在体育教学中采取多种教学方法，提倡师生之间、学生与学生之间的多边互动活动，努力提高学生参与的积极性，最大限度地发挥学生的

创造性。体育的个性化就是在体育教学中每个学生所显示的各种不同的运动本能、素质、价值取向、集体荣誉等。

（三）新时期为高校体育改革提供了条件

高校体育自改革开放以来取得了令人瞩目的成就，集中体现为四大优势：一是人才优势；二是信息优势；三是物资优势；四是地位优势。这四大优势说明，体育教学模式的改革具有坚实的基础。

（四）高校学生对体育教学模式的选择需要

作者曾对湖北经济学院、武汉大学、华中科技大学、武汉工程大学、湖北大学等院校 750 名高校学生就你喜欢的体育教学模式进行问卷调查，结果选择以全面发展身体素质为主的"基础课"37 人，占 4.9%；选择与社会接轨的"俱乐部"协会制的 156 人，占 20.8%；选择以兴趣爱好为主、能够自由选择教师的"选项课"185 人，占 24.7%；选择一年级"基础课"，二年级"选项课"，三、四年级"俱乐部"协会制的 372 人，占 49.6%。调查结果表明，第一学年"基础课"，第二学年"选项课"，第三、四学年"俱乐部"协会制是最受高校学生喜爱的教学模式。

五、体育教学模式的发展趋势研究

体育教学模式是体育教学活动赖以开展的必要条件，但体育教学模式并不是一成不变的，必须明确是由内容决定形式，而绝不是由形式决定内容。

（一）体育教学模式的开放化

目前，全国各大高校体育课教学模式不尽相同，各校根据校情不同会采用不同的适合自己的体育课教学模式，大的改革方向还是一致的，都是朝开放式的、更加符合当代大学生心理和生理特点发展的方向进行。开放式体育教学模式是今后一个发展趋势，特别是随着社会的发展和进步，电子产业和信息技术的迅猛发展并直接介入体育教学活动，使输送信息的手段灵活和开放。

未来的高校体育将采用多种途径、多种方法、多种形式来满足学生的不同体育要求，向社会开放，向国际开放，体育课堂也将扩展到社会，扩展到大自然。

（二）体育教学模式的多元化

随着学校教学由"应试教育"向素质教育的转轨，高校体育应从学校的"阶段体育"向"终身体育"转变，从片面的生物学评价或运动技术评价向综合性评价转变。体育价值观从单一的健身向健身、健心、娱乐等多元价值观改变，单一的体育教学模式无法满足多元的体育教学目标的需要，因此要从单一的教学模式向复合式的、具有现代性和科学性的教学模式转变，并且多种教学模式相互渗透、互相依存将是未来体育教学的发展趋势。

第六节 体育教学改革的研究

伴随着我国改革开放的脚步,高校体育课程教学走过了 30 多年的风雨历程。站在科学发展观视角,回顾改革的历史,探讨改革的得失,分析目前的状况,寻求发展的策略,无论是对高校体育课程理论体系的建设,还是对推进教学改革实践的深化,都具有积极的意义。

一、体育教学中普遍存在的问题

(一)教学目标理论与实践不完全一致

现行的高校体育课程教学目标涵盖了"运动参与、运动技能、身体健康、心理健康、社会适应"五个领域的内容。从理论上看,它充分关注了学生的健康成长和人的全面发展,体现了"以人为本"的时代理念。但在实际操作中,由于教学内容、教学组织形式、学生个体水平不同,要通过有限的教学时间(144 学时)完成五个领域的教学任务是极其困难的。加之近年来我国高等教育规模的急剧扩张,给大多数学校带来的教师资源不足、体育场地设施短缺等问题,要全面达成教学目标事实上几乎不可能。

(二)教学效果测量与评价不科学

教学效果测量方法与评价标准的改革步履维艰,至今仍未走出"生物体育"的怪圈。测量与评价课堂教学效果的通行方法是监控学生的心率变化,无论什么类型的体育课,也不管课的教学内容、教学任务是什么,无一例外地是通过"摸脉"获取学生心率的变化情况,由此推断其生理负荷,进而评价教学效果。至于教学目标中运动参与态度、知识技能掌握、心理品质培养等方面的指标,或是因为课时计划(教案)中原本就没有设计具体的达成路径与措施,或是因为根本就没有切实可行的办法进行操作而不得不将其束之高阁。

(三)教学改革重心偏移

长期以来,国家、省(部、委)重点资助的高校体育课程改革研究项目主要集中在"985""211"大学,教学改革的试验区也局限在位于中心城市且办学条件好、生源质量高的重点大学。真正能够代表我国高校主体的地方院校(占高校总数 80% 以上),始终被搁置在边缘地带。教学改革实践中,站在教师"如何教"的角度,进行"教法"改革的项目与成果俯拾即是,而站在体育课程学习主体——学生的角度,研究"如何学"的问题,进行"学法"改革项目与成果寥若晨星,改革的重心偏失。

（四）课改试验事倍功半

课程改革试验是对未知领域的探索，是走前人没有走过的道路，局部乃至整体的失败都是在所难免的，即使是失败了，至少也可以为后来者提供借鉴，从这个意义上讲失败是成功之母。但对传统教学理论近乎是颠覆性的"新课改"试验，自2001年开始在全国38个国家级试验区试行，至今未见到任何实验区的任何实验失败的报道，体育教学改革亦是如此。事实上，"新课标""新纲要"的教学理论还远未成熟，在用以指导体育课教学实践时经常会遇到捉襟见肘的尴尬，这些"尴尬"长期被好大喜功的心态屏蔽，致使课改试验事倍功半。

（五）理论研究缺少争鸣

在体育课程改革研究中，对上级主管部门的指示和意见，非高声赞颂即积极响应，罕见应有的学术质疑。对专家、学者提出的某种新观点或学说，紧随其后的通常是对它的注释和佐证，没有不同观点的争鸣与批判。这种近乎"跟着疯子扬土"式的学术风气，使得改革实践中涌现出来的一些极具发展前景的学术观点和实操范例，在无所节制的滥用和沸沸扬扬炒作中早期夭折。长期以来，缺乏争鸣与批判，已成为体育教学改革与研究领域久治不愈的"顽症"，严重地阻滞了学术发展，是我国至今未能形成具有本土特色的、完整的体育教学理论体系的根本原因。

（六）教师管理导向错位

现行的高等学校教师工作绩效评价与职称晋升制度中，学术论文的数量是衡量教师业务水平、决定其职称升迁的硬性指标。没有在学术期刊尤其是核心期刊上发表一定数量的论文，就无法在教师队伍中立足，至少是无法迈进精英队伍——高级职称的行列。面对关乎自身生存发展的选择，体育教师不得不放弃深入探求体育教学规律、不断提高教学水平的价值追求，而将大量的精力用于揣摩学术刊物的"口味"，研究与本职工作毫无实际关系的"纯理论"问题。撰写论文成了教师的第一要务，发表论文成为从事研究工作的唯一目的，致使大量教学改革的实际工作处于被动应付的境地。

二、体育教学改革的具体措施

根据教育部《大学体育教学基本要求》的精神，结合我国体育教学的现状，并借鉴成功的国际体育教学经验，我国体育教学改革应从教学大纲、教学模式、课程设置、教学评估以及师资队伍建设五个方面入手。

（一）制订有本校特色的教学大纲

各高校应根据本校学生的特点，结合本校的办学特色和人才培养方向，参照全国统一的教学大纲的要求，制订本校的科学化、系统化、个性化的体育教学大纲及具体实施方案和细则,指导本校的体育教学工作。

（二）转变教学思想，改革教学模式

当前大学体育教学应由传统的"以教师为中心"向"以学生为中心"转变,强调师生互动,发挥学生的主体作用和教师的主导作用,充分调动学生的学习积极性,使学生实现由要我学到我要学、进而达到我会学的根本性转变。在新的教学模式下，教师的角色理应发生革命性的转变,教师应由过去单纯的体育技术的传授者转变为教学内容的设计者、教学活动的组织者、教学过程的监控者、教学结果的检验者以及学生能力的培养者。改革教学模式时,应实施分层与分流教学、普修与专修教学相结合,课堂教学与课外体育锻炼相结合,大班上理论课与小班上技术课相结合,课堂教学与开放式自主教学相结合,传统教学与多媒体辅助教学相结合等多种方式。学生可在同年级、多种教材范围内自由选择上课。在考试方面,将通过学校进一步建立体育理论与实践试题库,以抽签形式确定考试内容,并对结果给予评价。在完成体育教学任务的同时,增加体育选修课程,为培养学生的终身体育意识打好基础。

（三）改革高校体育课程设置

从我国体育教学的实践不难发现,一方面,体育课的教学内容和学时不能满足学生兴趣和锻炼身体的需要,学生总是围绕达标、考试而进行学习锻炼,这在一定程度上抑制了学生的个性发展；另一方面,体育教学仍沿用传统的"运动训练法"和"普通教学法",即通过教师的讲解示范、学生的模仿练习,以达到应付达标和考试的目的。课程结构、教学内容与教学方法仍然停留在一种"大学名称、中学内容、小学组织"的模式中。由于长期以竞技体育知识为中心或过分强化了其知识、技能在体育教学内容中所占的比重,而导致了学生竞技知识与健身能力之间的失衡。显然,这种重竞技知识、轻健身能力,重共性、轻个性的课程设置模式与素质教育的理论相背离,不利于现代社会创新人才的培养。因此高校体育课程的设置,在内容上要充分考虑学生的兴趣及其运动习惯的养成。在高校课程安排上应相应地减少体育必修课的比例,增大选修课的比例；应该加强课外体育锻炼的组织与实施,建立以健身为主要内容的新体系。体育的课程内容需要增加大量的休闲运动,尤其是终身体育的内容要不断地增大,使学生体会到运动的价值不仅在于提高运动技术水平,更重要的是要掌握健康运动的科学方法；为增进自身健康服务。增设学生喜爱的体育休闲项目,提高其参加体育活动的兴趣,激发其锻炼的动力,充分发挥学生的积极性和创造性。

（四）改革体育教学评估体系

教学评估是教学过程的一个重要环节。全面、客观、科学、准确的教学评估体系对于实现课程目标至关重要。它既是教师获取教学反馈信息、改进教学方法、提高教学质量的重要依据,又是学生调整学习策略、改进学习方法、提高学习效率的重要手段,它还是

教学管理者调整和制订教学计划、合理安排课时分配的重要参考依据。而传统"一刀切"的考核与评价方法，对考查学生的全面发展程度和各项身体素质的提高都存在着很大的局限性。单一的成绩评定容易挫伤部分学生的学习积极性，不利于学生形成正确的现代体育意识和健身观。因此，对学生体育成绩的考评应从以下三个方面进行：一是注重学生学习过程的考查。学生学习和练习过程的质量在很大程度上决定了其结果的质量。因此，那种只重视结果而不注重过程的做法是不妥的。二是要重视发展个性的考评，以考促学。学生在身体条件、运动爱好和运动技能等方面的个体差异是客观存在的，应根据这些差异来确定目标和评价方法，并提出相应的教学建议，以确保绝大多数学生都能完成学习目标，使之成为促进学生学习的动力。三是要重视对身体素质达标情况和体育理论知识学习水平等内容的考评。可以加强体育教学评价与考核方法的研究，使之符合素质教育的要求，同时，增强学生的体育意识，促进学生综合体育素质的提高和能力的培养。这种教学评估体系的转变将极大地调动学生学习体育的积极性，全面提高学生的身体素质和运动能力。

（五）提高体育教师队伍的整体素质

首先要从源头抓起，严把教师录用关。其次要加强对教师的培训，通过培训来提高他们的教学水平和教学技巧，使其学会如何激发学生的学习兴趣，如何鼓励学生全身心地投入到学习活动中去，如何适当地纠正学生学习过程中出现的错误等。同时，通过培训使其掌握必要的教学理论和教学技能，使教师从单一的"技术型"向"复合素质型"转变，从而推动素质教育的成功进行。

三、体育教学改革的回顾

（一）教学指导思想与教学目标的探索阶段

1979 年，教育部、国家体委、卫生部、共青团中央联合召开新中国成立以来规模最大的一次全国体育卫生工作经验交流会，颁布了《高等学校体育工作暂行规定》。在"调整、改革、整顿、提高"方针的指引下，高校体育课程改革全面启动。1990 年 2 月，国务院批准发布实施的《学校体育工作条例》规定，"普通高等学校的一、二年级必须开设体育课。普通高等学校对三年级以上学生开设体育选修课"。同年 10 月，国家教委颁发了《大学生体育合格标准》和《大学生体育合格标准实施办法》。1991 年国家教委开展了对全国高校体育课程的评估。1992 年国家教委颁布了《全国普通高等学校体育课程教学指导纲要》，将体育课的教学目标确定为"通过科学的体育教学过程和体育锻炼过程，使学生增强体育意识，具有体育能力，养成体育锻炼的习惯，受到良好的思想教育，成为体魄强健的社会主义事业的建设者和接班人"。

（二）教学内容与教学模式的改革阶段

1995 年 6 月 28 日国务院颁布了《全民健身计划纲要》。同年 8 月 29 日第八届全国人民代表大会常务委员会第十五次会议通过的《中华人民共和国体育法》第十七条规定："教育行政部门和学校应当将体育作为学校教育的组成部分，培养德、智、体全面发展的人才。"随即国家体委又推出了《全民健身 121 工程》，要求学校"保证学生每天参加 1 次健身活动；每年组织学生开展 2 次远足野营活动；学生每年进行 1 次身体检查"。伴随着"121 工程"的推进，各种健身、娱乐体育内容走进学校体育课堂。1999 年6 月中共中央、国务院颁发了《关于深化教育改革全面推进素质教育的决定》要求"学校教育要树立健康第一的指导思想"。同年 10 月教育部在江苏无锡召开了全国学校体育卫生工作经验交流会，要求认真落实"学校教育要树立健康第一的指导思想，切实加强体育工作"。随后出现的"俱乐部模式""运动处方模式""三自主模式"，开启了教学模式多样化发展的格局。

（三）教学理念与课程目标的创建阶段

2001 年 6 月，国务院颁发的《国务院关于基础教育改革与发展的决定》提出了"加快构建符合素质教育的要求的基础教育课程体系"的任务。2001 年秋季开始，基础教育《体育与健康课程标准》在全国 38 个国家级实验区试行，2002 年秋季实验范围进一步扩大到全国近 500 个县（区）。2002 年 8 月教育部颁布了《全国普通高等学校体育课程教学指导纲要》。新《纲要》秉持以人为本、全面发展的教育理念，规定了由运动参与、运动技能、身体健康、心理健康、社会适应构成的课程目标。2006 年 12 月，教育部、国家体育总局在北京召开了全国学校体育工作会议，颁发了《关于进一步加强学校体育工作，切实提高学生健康素质的意见》。同期，教育部、国家体育总局、共青团中央联合下发了《关于开展全国"亿万学生阳光体育运动"的通知》，力争用 3~5 年的时间，使 85% 以上的学校能全面实施《学生体质健康标准》，85% 以上的学生能做到每天锻炼一小时，达到《学生体质健康标准》及格等级以上，掌握至少两项日常锻炼的体育技能，形成良好的体育锻炼习惯，体质健康水平切实得到提高。

四、体育教学改革的现状和趋势研究

为了适应社会对人才需求，30 多年来，全国各高校在探讨体育教学目标、体育教学思想的基础上对体育课程设置、教材内容、教学方法、体育教学的组织、教学的模式、教学的评价等方面进行了全面探索和改革。

（一）体育教学目标呈现多元化

体育教学目标的主要观点包括：①以改善健康状况，增强体质为主要目标；②以学习和掌握体育知识技能为主要目标；③以竞技教育，提高运动水平，为国家培养优秀运动员为主要目标；④以培养学生体育能力为主要目标；⑤以满足学生娱乐心理，享受体育乐趣为主要目标；⑥奠定学生终身体育观念为主要目标；⑦以提高学生的心理素质和体育文化素养为主要目标；⑧以体育锻炼为手段，对学生进行思想品德教育，培养优良品德为主要目标；⑨以身体练习为手段，促进学生身、心发展，达到育人的目标；⑩以学生掌握锻炼身体的方法为主要目标。体育教学的诸多目标都是围绕着育人的总目标，在体育教学过程中，根据教学任务、教学内容、学生的实际和教学条件所提出的具体目标或者是阶段性的目标。要实现育人的总目标，教育者必须科学地选择教学内容，根据现有的教学条件，分阶段、分层次、合理地选用教学方法进行教学。

（二）体育教学指导思想多样化

30多年来，我国体育教学思想呈现多样化和综合化，其主要观点包括：①全面教育的指导思想；②以体育教育为主的指导思想；③以培养学生运动能力为主的指导思想；④以快乐体育、娱乐体育为主的指导思想；⑤以终身体育为主的指导思想；⑥以竞技体育为主的指导思想；⑦以增强体质为主的指导思想；⑧以技能教学为主的指导思想；⑨以发展学生个性为主的指导思想。以上研究表明，体育教学思想随着社会发展，有越来越"泛化"的趋势，各种体育教学思想之间有着逻辑上的紧密联系，它是围绕着两条相对稳定的主线（体质与运动能力），着眼于身心全面发展的。

（三）课程设置和体育教学内容的选择成为体育教学改革的核心

体育教学改革必须从改革课程设置和科学合理地选择教学内容为切入点。体育教学内容和课程设置的改革要以高等教育体育教学目标、现代体育发展的需要、学生的兴趣、爱好、场地设施为主要依据，确立以增强体质，促进身心全面发展为主的指导思想。在20世纪80年代初，随着我国改革开放，许多高校在大学二年级相继开设专项课的设置，1992年原国家教委颁发《全国高等学校体育教学指导纲要》，正式对普通高等学校体育课程设置作出了规定，即：基础体育课、选项体育课、选修体育课、保健体育课4种类型。体育教学也从单一型发展到多种课型并举，较好地克服了传统单一课型忽视受教育者的个性心理特征及主体作用的弊端。目前，体育教学内容和课程设置的模式为一年级以必修课为主，安排了提高身体素质、配以各类基本技术的教材体系，以弥补中学体育教学的不足，完成中学至大学的合理衔接和过渡。二年级开设专项课，学生可选择课程、教师。开设选项课，以满足学生兴趣、爱好和选择的要求。三、四年级开设选修课，以休闲课和娱乐课为主，增加专业性的内容，采用"俱乐部"制。例如，地质院校增加了登山运动、负重行军等内容；商业院校增加了保龄球、台球等内容；形式多样、内容丰富的教材，不仅有健身、娱乐之功效，而且能够使学生适应毕业后的生活与工作。另一方面，又适当地增设体育理论知识课程，让学生明确学习的目的，端正学习态度；了解人体发展和运动生理、卫生知识；掌握各项运动的知识和锻炼身体的方法。但在改革中也存在着一些共性问题。例如：教学目标宽泛、模糊，教材的选编、课程的设置存在着较大的随意性；在教学内容的安排上，运动项目主要是解决手段问题，重视方法不够；运动的内容欠全面，重运动，轻养护。

（四）体育教学方法的改革正逐步向"启发学生主动学习"的方向发展

体育教学效果很大程度上取决于教学方法应用的科学与否。目前，体育教学方法的改革十分活跃，如：主体教学、发展式教学、自学式教学、启发式教学、快乐式教学等等，从整体改革的思路来看，大都能体现"启发学生主动学习"的思想，这表明"以教师为中心"的传统观念正在转变。但在改革中，许多研究者没有清楚地认识到教学方法两重性的特点，即功能性和局限性。因为教学过程是一个结构复杂、多阶段、多因素的动态过程，教学有法、教无定法、贵在得法。教学必须要针对学生的实际，既有利于发挥教师的主导作用，又必须尊重学生的主体意识，周全地考虑教学方法运用的针对性、时效性、全面性。

（五）体育教学组织形式呈现多维性

体育教学的组织工作是否严密、合理，直接影响教学效果。有关研究表明，目前，大多数高校采用的是分组不轮换的教学组织形式，分组是根据"三向"交往的理论来进行（教师与学生之间；学生与学生之间；教师与学生、学生与学生之间的交往）。根据这一理论，目前主要有以下几种教学组织形式，一是散点式；二是"小群体"式；三是自然分组式；四是按运动能力分组（搭配式、分级式）；五是俱乐部组织形式。总的来讲，体育教学的组织是多维的，上面叙述的是目前研究比较多的组织形式，各种组织形式都有其各自的特点，它们的共性在于能发挥学生的自主性、积极性，有利于发展学生的个性和创造性。但教学的组织形式受教学条件的制约，还有待于在更大范围内作更缜密的研究。

（六）体育教学模式具有针对性

体育教学模式的研究是当前体育教学论和体育教学改革的重要课题之一。近几年，对体育教学模式的研究日趋活跃，这表明体育教学改革已开始进入综合研究阶段。目前，中国体育科学学会学校体育专业委员会提出了主体教学模式、成功教学模式、合作竞争教学模式。上面多种教学模式不是孤立存在着，各种不同类型的体育课，因其特性和要完成的任务不同，就需要有多种教学模式去适应。由此看来，教学模式既可以组合，又允许创造，但设计任何教学模式都必须以科学的理论为先导，并通过实验对比才能对它的合理性、可行性和可操作性进行评价。

（七）教学评价的双向性

教学评价是获得反馈信息的重要手段。目前，高校体育教师比较重视教学评价的研究，尤其重视师生的双向评价。通过教师评价学生的学习，使每个学生都能够从教学评价中得到新的目标和新的动机，通过学生评价教师的教学，促进教师科学安排和控制教学程序。但教学评价的研究多数停留在理论研究上,付诸实施的较少。

综上所述,当前体育教学改革表现出以下特征:①教学目标开始朝着"多目标""多功能"的方向转移,既追求近期效益,更追求远景目标。②教学思想从"生物体育观"逐渐向由生物、心理、社会三方面因素构成的"三维体育观"转变,从而拓宽了它的健身、娱乐、竞技、文化、社会等方面的功能。③课程设置和教材建设已成为体育教学发展的核心动力。近年来围绕着课程设置、课程类型、课程内容、教学定位、教学大纲、教学模式和教学体系等内容进行了改革,课内外一体化已经形成。④教学方法的改革显得格外活跃,从规律性的思路看,大都能体现"启发学生主动学习"的思想,表明"以教师为中心"的传统体育教学正在逐步转变。⑤体育教学组织形式的改革是根据"三向"交往方式,由表浅向着深层次发展。⑥体育教学模式的研究已通过许多具有内涵丰富结构的研究模式表现出来,但目前这种教学改革实践滞后的现象却比较普遍。⑦教学评价的研究从身、心两方面效果考虑,采用定性和定量相结合的评价方法,在一定程度上可以适应现实的需要。

第三章 体育教学的发展动态

第一节 体育教学目标的统一与协调

体育课的场地、器材等，对体育课程目标、课程设置、课程设计思路以及课程任务都有很大的促进和帮助作用。马克思说过："人创造环境，同样环境也创造人。"《列女传·母仪》中记载的"孟母三迁"也说明了环境对塑造人的重要性。教学环境不仅影响着教学过程的组织与安排，体育教学环境也是体育教学系统的必要条件，并且影响着体育教学系统。本节采用文献资料法、分析和综合的方法论述了体育教学环境和体育教学系统的关系，并且阐述两者如何协调的应用才能达到最好的教学效果。

一、体育教学环境的概念

（一）体育教学的物质环境

无论是学习还是生活都离不开环境。体育教学需要的环境主要是运动的场地和体育器材，否则全面深化教学改革，推进素质教育，加强学院普通体育课程建设，提高体育课的教学质量就成了一句空话。课前准备器材时，要根据课堂的内容，注意因地、因时而异。如田径场红色的跑道，绿色的足球场可提高中枢神经的兴奋性，使学生有一种跃跃欲试的冲动。一排排乒乓球台，一片片羽毛球场，它们的采光、空间、通风都会给练习者积极的影响。上理论课，如课桌椅的款式和新旧实验室以及实验仪器、图书资料、电化教学设备等。这些设备是开展体育教学活动的必备条件，对完成体育教学的任务起着重要的作用。为了方便教学体育器材保管室应设在离运动场地较近的地方，房间应通风，光线较好，器材按项目分离存放，随时检修器材，维护运动安全。

（二）体育教学的心理环境

上体育课老师往前一站，一副师道尊严的面孔，会给学生很大的压力。他们因为怕老师心情不好也不敢向老师反映，造成很严重的后果。所以老师上课前要整理好自己的情绪，真诚而不盛气凌人，当教师热情鼓励的时候，学生更有创造性。教师的热情与学生对体育的兴趣与完成运动的密度和强度有着很深的关系。采用多媒体教学，如学习之前将技术动作放慢、定格。看完录像后，组织学生进行讨论，再进行示范。学生最不愿意跑步，觉得枯燥。采用四人一组，以比赛竞争、团队合作的形式进行，如蛇形跑、变速跑、追逐跑等。投掷的练习可采用单手投、双手投、向前投、往后投、画方格投等。练习力量时，准备几个不同重量的沙袋，根据学生的实际情况使用，采用 20m 的往返跑等。利用上课的时间进行班级与班级比赛，加强学生的参与主动性与责任、团队合作、增强积极性和减少对老师的依赖。为正常人格的成熟、获得独立性、自信、自我控制、坚持，并能忍受挫折这些成熟的人格品质所必需。

（三）体育教学活动中的语言环境

只有爱学生，与学生打成一片，才能了解到学生的喜怒忧乐、兴趣爱好、希望要求。注意心理修养，善于控制和表现自己的情绪。无论在课外遇到什么不顺心的事，在走进教室之前，一定要使自己恢复常态，不能把自己恶劣的情绪传染给学生，更不能向学生流露甚至发泄。语言的速度，对于教学效果的好坏有直接的影响，认真地探索和把握最科学、最合理的教学语言速度。语言是人与人之间传递信息最为主要的方式之一，体育教学中教师与学生之间、学生与学生之间语言的交流十分频繁，语言的交流中包含着丰富的信息，因此良好运用这一工具对于提高体育教学质量作用十分明显。实践表明良好的课堂语言环境对于体育知识、体育技能的传授十分必要。

二、体育教学系统的概念

体育教学系统，顾名思义，也就是体育教学体系的统一体，体育教学系统是各体育教学要素以一定的结构形式组织起来的，具有各单一体育教学要素所不具备的某种功能的教学统一体，它包括以下几个系统。

（一）体育教学内容系统

《教育部关于印发普通高等学校体育课程教学指导纲要》文件的精神，结合我校人才培养的目标，以教学改革为根据前提，以学生为主体，以健康为主题，以服务专业为方向的新理念，采用以人为本、强化人体练习、突出个性发展。普通高校按照树立"健康第一、终身体育"的学校体育教育思想，通过传授体育知识、运动技能，达到全面增强学生体质，增进身心健康，培养学生良好的意志品质和素养，养成终身体育的锻炼习惯。

（二）体育教学方法系统

从上位层次看，包括模式教学、模拟教学、程序教学。从中间层次看，上课时老师通常先讲解，再向学生提问，同学生一起讨论，是教学中运用语言指导学生学习，达到教学要求的方法这些都是用语言传递信息的讲解法、问答法和讨论法。老师示范以及帮助学生纠正动作错误是体育教学中通过一定的直观方式，作用于人体感觉器官、引起感知的一种教学方法即动作示范法。教师为了防止和纠正学生在练习中出现的动作错误所采用的方法即纠正动作错误与帮助法。循环练习法：根据练习任务的需要选定若干练习手段，设置若干个相应的练习站（点），学生按规定顺序、路线和练习要求，逐站依次循环练习的方法。利用场地器材组织学生进行运动竞赛法等组织学生讨论探究教学方法即发现法。各种教学方法的运用具有教育性、发展性、科学性、多样性等特点，这样才能体现整体化思想，达到最佳教学效果。

（三）体育教学负荷系统

生理负荷是指人做练习时所承受的生理负荷。运动负荷包括运动量和运动强度两个方面。在体育课上只有运动负荷保持适宜，才能收到较好的教学效果，运动负荷过小过大都不行。过小，则达不到锻炼的目的；过大，又超出了学生身心所能承受的限度，对学生身心健康和教学任务的完成都十分不利。因此，合理地安排和调节体育课运动负荷是对体育教师教学的一项基本要求，也是评价体育教学和体育活动锻炼效果的一项重要指标。课堂教学中最常用到的运动负荷测量方法除了脉搏测量外，还有询问法和观察法。据瑞典生理学家研究，当询问学生锻炼后的自我感受，学生回答"累极了、很累、有点累、还行、很轻松、非常轻松"时都有不同的心率，而这些心率和回答之间有着极明显的对应关系。这样教师就可以利用学生的回答来判断学生承受运动负荷的情况。采用观察法可以直接简便地知道学生的运动负荷情况，教师可以通过观察学生的脸色、表情、喘气、出汗量、反应速度等表现来判断所承受运动负荷的大小。比如：当学生承受较小负荷时，额头微汗、脸色稍红；承受中等负荷时，脸色绯红、脸部有汗下滴；承受过大的运动负荷时，脸色发白、满头大汗、动作失控等。所以，安排运动负荷时要以学生发展为中心，重视学生的生理和心理感受。在体育课上，可以通过调整练习的次数和组数、练习的强度和时间、器械的坡度和阻力，也可以改变课的组织教法等来对运动负荷进行合理的调节。

（四）体育教学评价系统

学生学习态度的评价，学生行为表现的评价，防止违纪行为的升级和负面作用的扩散，学生掌握知识与技能的评价。坚持主体取向的评价机制开放的教育需要开放的评价、量性评价与质性评价，行为评价与心理评价的有机结合，由重视结果向重视过程转变。

三、体育教学环境和体育教学系统的关系

体育教学中，体育教学环境对学校体育教学系统的影响，既来自于学校内部环境，来又自于学校外部环境，既来自于学校的物质环境，更来自于学校学生和老师的心理环境。而体育教学系统反过来也可以影响体育教学环境，他们之间是相互制约，相互影响的。

四、体育教学环境和体育教学系统的协调统一

在体育教学中，要达到更好的教学效果，完成既定的教学计划，那么体育教学环境和体育教学系统两者之间是缺一不可的，只有两者协调统一才能为体育教学更好地服务。

（一）充分了解当前体育教学环境现状

教师在体育教学中一直是起着一个引导的作用,主要表现在:了解教学目标、制定课时计划、规划教学设计、优化教学方法等。当然这些都必须建立在了解当前教学环境的基础上,教师不仅要了解当前教学的物质环境,了解学生的当前的学习需求,而不是仅仅停留在课本上,还应该对整个教学环境进行设计。

（二）保持体育教学环境和教学系统的动态平衡

在体育教学中,体育教师既要让体育教学系统适应体育教学环境的变化,也要尽力去改变当前制约体育教学系统发展的环境个因素,使两者在动态上保持平衡,为更好的实现体育教学目标而服务。

第二节　体育教学内容的选择与开发

体育教学课程资源的开发和利用最重要的是教师的课程资源观和课程资源的开发意识,理解什么是课程资源,才有可能开发课程资源。

一、对体育教学课程资源的认识

合理开发与有效利用体育课程资源是体育课程目标达成的必要条件,也是体育课程改革的有力保障。由于地方经济和文化发展的不平衡,体育课程只有符合地方经济并地方化,才能提高体育课程的适应性。才能更有效地发挥体育课堂的本色。

在这里,首先要了解体育教学课程资源的这个概念。所谓"课程资源",无疑是受教育技术和远程教育的启发而由教学资源和学习资源演变而来,但它在教育技术和远程教育界并不被经常使用,甚至有些陌生。由于课程是教学活动的基本单元,因而一切教学资源或学习资源往往都是以课程资源的形式来呈现的。一般来讲,"课程资源是指形成课程的要素来源以及实施课程的必要而直接的条件。"

二、如何进行体育教学课程资源的开发

首先,开发出来的课程资源要从具体学生群体和个体的身心发展特点等一些特殊情况出发,能为他们所接受和理解,符合他们的身体状况和认知规律,有利于学生的身心体验,有利于达到目标。接着,要做一个价值判断,是同学们迫切需要的、对他们显示发展最有价值的,这些体育资源应该得到及早优先的开发。体育课程资源的开发的几个途径不是截然分开的,在开发的时候需要有机地整合在一起。

（一）从体育师资条件出发

学校具备何种师资,我们的老师具备什么样的素质,他们的特长、专业是否能带动体育课程资源的开发。考虑到这些因素以后,教师们才能游刃有余地进行资源的开发。反

之，由于一些学校限于师资的水平和特点，教师没有能力去开发一些学生需求比较强烈，感兴趣的程度也比较高的体育课程资源，它就成了前进路上的一个瓶颈，在很大程度上制约着对体育课程资源的合理利用。

（二）从学生的现状考虑

体育课程资源的服务对象是学生，所以关注学生的身体发展作为开发体育课程资源的主要途径，这主要着眼于以下两个方面：

（1）学生身体状况的调查。在开发课程资源时，必须对是否能使其接受新开发的体育课程资源进行考虑。不同学生的身体状况水平都是不一样的，这不仅关系到开发的广泛性，还影响到开发课程资源的内容选择。

（2）要想使学生积极参与进来，不仅要找到学生有兴趣的课程资源，也要课程资源永远是最适合学生的，如此，学生既愿意参与进来，又可以充分调动学生的积极性。这样的体育课程在某种意义上来说是最适合学生的。所以，在开发时，我们要从学生的角度来看待周围的一切，要寻找学生的兴趣所在，力求开发出来的体育课程资源是"学生化"的体育课程资源，这样才能使学生完全融入课程资源中去，不能使课程资源老是一味地"教师化"，否则就失去了教育的意义。

三、体育课程资源开发案例

1.【案例】人力资源的开发——体现团队精神的集体负重跑比赛

活动目的：通过集体负重跑比赛，使学生热爱体育活动，增强体能，培养团队竞争精神。

活动准备：场地的选择、学生负重物的准备、裁判人员的安排、工作人员的安排。

活动过程：参赛以班为单位，按规定时间跑完全程；安排好裁判工作；比赛开始，学生到达终点时，按名次顺序发放名次牌。第一名记1分，第二名记2分，依次类推。组（班）积分少者名次列前；统计各组（班）比赛名次和积分，排定团体名次；宣布团体名次，颁奖；活动讲评。

建议：体育教师应多开发这类小型的集体活动使全校的教师（包括校医）都参与到活动中来，充分调动学校的人力资源为体育比赛服务。

2.【案例】民间体育课程的开发

（1）跳绳。

跳绳可以分为三类：1.技巧性跳绳，单脚跳、双脚并跳、换脚跳、反手跳等多种花样动作；2.游戏性跳绳，娱乐为主可以边跳边伴唱；3.快速跳绳。跳绳方式大体分为个人与集体两种，鱼贯顺序跳，多人同跳等都是集体跳绳。

（2）踢毽子。

踢毽子有花样技巧比赛，常以肩、背、胸、腹、头与双脚配合，做各种姿势，使毽子经久不落地,缠身绕腿,翻转自如。踢毽的技巧很多,踢毽子的基本的技巧,只有三种,即有"盘""拐""蹦"。还有"苏秦刺背""八仙过海"等各种名称。集体比赛时还附加远吊、近吊、高吊等踢法以表胜负。一般踢毽子都在冬季进行,天气寒冷,活动可以暖身。

(3)跳牛皮筋。

跳牛皮筋是项准确、熟练,连贯协调,舒展自如,节奏感强的项目。基本动作有点、迈、顶、绕、转、掏等。一般分为三个高度:将牛皮筋举至与肩齐平;两臂自然下垂拉牛皮筋;一臂上举拉牛皮筋。并有单人和集体两种跳法。此游戏以女孩玩耍较多。以细牛皮筋结成绳子,长约三四尺,两人扯绳各一端,随着牛皮筋的上下弹动,以一人或数人跳。在动作的基础上联合而成花样。

(4)抽陀螺。

陀螺的种类有木质、竹质、陶质、石质,抽陀螺可进行竞赛,一人不停抽击,抽到陀螺停止为输,再由另一人继续抽击。这种游戏是用一条绳鞭抽打一个圆锥体玩具,使它在平滑地面上不停旋转。

3.【案例】体育器材的组合开发

(1)校园"保龄球"。

校园"保龄球"是由实心球与手榴弹组合成的一项,在课中常用的教学内容,其教学方法比较简单。在一块空地上一端放置手榴弹(或矿泉水),可以排成许多形状,另一端站学生手拿实心球,在教师的指挥下进行练习。

(2)嗒嗒球。

运动将乒乓球与羽毛球有机融合在一起的一项体育运动简称为嗒嗒球。这项运动不受场地限制,而且适合各种年龄的人群参与。它将乒乓球的推、抽、搓、扣、拉球打法与羽毛球的吊、挑、扣等各种技术结合起来,在网上往返对击,以把球击落在对方场区内为胜。比赛时采用乒乓球记分法,五局三胜制。

建议:应该说嗒嗒球是体育器材组合开发中最成功的案例,其充分地利用了两种体育器材的特性。它一半像乒乓球,一半像羽毛球,嗒嗒球以其携带方便,不受场地限制,运动趣味强,易普及推广的独特魅力,正吸引着越来越多的人加入其中。对与校园"保龄球"的开发虽没有嗒嗒球的影响那么广泛那么正规,但也有他的存在理由。

学校要根据教学实际情况及学生发展的具体需要,广泛利用校外体育资源以及丰富的自然、人力等资源,积极开发、利用信息化的体育课程资源。体育课程资源多种多样,重视校外体育课程资源的作用,从实际情况出发,发挥地域优势,强化学校特色,展示教师风格,因时、因地、因人制宜地开发与利用体育课程资源。

第三节　体育教学方法的运用与创生

通常而言,高校作为我国培养高等人才的关键基地,近些年来,我国政府对于高校教育问题也趋于关注,希望各大高校可以在一定程度上培养出综合实力更强的复合型人才。对于高校体育教学而言,也需要在创新的教学方法基础下,改良教学方法,推动教学实践,这样的话,不但可以让学生的身体素质有一定程度的提升,更要让他们的思维和创新能力也有所促进,让学生养成健康的生活习惯。

一、创新教育理念下体育教育方式运用现存的弊端

（一）学生身体素质大多数较弱

根据国家相关单位针对学生的身体素质调研证明,大部分学生在 20 世纪 80 年代开始,身体各方面的耐力与速度以及器官功能逐步下降,身体肥胖与近视的状况逐步增加。尽管近几年我国对于学生身体素质状况的日渐重视,并且采取了对应的措施,学生身体素质取得了较好的改良,然而整体状况依旧使人担忧,从而也使得我国革新型体育教育的展开受到了较大程度的影响。

（二）体育教育重视程度不够

由于受到应试教育的影响,在学习中体育课程往往缺乏重视,时常会发生体育课程让步于其他课程的现象,从而使得创新教育观念下的体育教育方式艰难取得实质的运用与贯彻。并且,在教学模式上体育课程也具有一些缺陷。创新教育观念需求体育课程发挥提高学生体质的用处,然而依据当前的状况而言,体育课程在这方面的用处并没有取得完全地展现。而且,目前体育课程课本并没实现一致,课程内容未建立起合理的规范,并且老师传授知识的范围与学生了解的程度需求也未有着规定,进而致使许多体育老师在授学的过程中只是单一的教授老旧且落后的体育知识,缺少创新的观念,而部分老师为了防止学生在体育课中发生意外,使得教学方式的革新上顾虑较多,从而一定程度上妨碍了创新教育观念下体育教育方式的实行。

（三）学生体育活动时间普遍缺少

经过长时间教育习惯的积累,致使大多数家长与老师均形成只注重成绩而轻视其他方面的思想理念,认为时间不该浪费在上体育课或者是课外活动上,应该专心致志的学习其他课程,从而致使学生体育活动时间普遍缺少,学生的身体素质与运动观念较难得到提高,使得大多数学生在体育教学中出现抵制以及缺乏兴趣的状况,这种现象导致创新教育观念下体育教育方式的运用受到了较大的妨碍。

二、创新观念的体育教育实施手段

（一）根据学生不同的兴趣与资质进行不同的教育

体育这门课程对学生将来的发展同样起着重要的影响，高职院校的学生尽管价值观以及人生观都逐渐养成，然而通过合理的指引也还可以出现一些良好的变化，如若可以运用高职院校体育课来针对学生的身心实施合理的指引，将会对学生将来的发展起到较大的良好作用。在高职院校体育教育中依据学生不同的兴趣与资质进行不同的教育，能够一定程度上增进学生身心的发展，使其在体育磨炼的过程中增强自身的自信感。而在体育教学实际操作的过程中，每位学生的心理状况以及身体素质都存在着差别，一些学生的体质比较好，并且综合方面都要比其他学生要好，如若让其与其他学生达成相同的课程任务，常常会使其感觉到运动的强度太低，没有较好的锻炼效果。然而一部分学生的体质比较弱，体育课上的运动强度使其感觉到适应不了，并且在看到其他同学可以成功达成训练目标时，自己却完成不了，其对于体育的热情则会逐渐降低，甚至使得其在体育教学中出现抵制或是缺乏兴趣的状况，从而一定程度上影响到创新教育观念下体育教育方式的运用。

（二）集思广益，相互激励

一般情况下，为使学生的身体素质以及思维能力协同在体育教学中取得一定程度的增强与磨炼，老师还可以运用集思广益与相互激励的方式，使学生经过互相协助的方式来互相鼓励，一同完成课程上教师布置的任务。并且，老师也可以制定出一些与体育相关的问题给学生，然后以小组的形式进行探讨与思考，自由地发挥自己的看法与想法，在互相协助的情况下解答教师布置的问题。但是，在过往的体育锻炼中，往往是由老师示范相关的动作要点，学生自主进行操练，较少会予以学生表明自身看法的机会，然而这实质上完全不利于学生创新性思维的提升，但是运用相互激励与集思广益的方式就能够一定程度上促进学生创新能力的发展。

（三）情景教学，提高效率

情景教学方式所指的是在体育教学的过程中，先运用恰当的方式把学生引入至相关的情景当中，使其具有一种身临其境的感觉，从而使体育教学更具创新性。而一部分体育老师认为情景创建比较适合低年级学生，对大学生而言，没有具体的可行性，然而实际上，如若可以在高职院校的体育教育过程中应用情景教学方式，也可以起到鼓励学生的效用，使学生对知识可以取得较好地掌握与理解，从而对体育锻炼更具有兴趣与热情。

总而言之，本节主要对创新教育理念下体育教学方法基础理论以及实践进行了充分的研讨。在当前的创新教育理念下，强化对于高校体育教学方法理论实践，从当前的学校以及学生实际情况入手，创造出更多的全新的教学方法，只有这样，才可以更加满足人才培养的需求，培养出更多符合要求的综合型的人才，推动学生的身心实现综合全面的发展和进步。

第四节　体育教学手段的使用与创新

教学过程中，有效的教学方法不仅能调动学生学习兴趣和练习的积极性，更能实现体育课堂教学有效性的实现，从而来达到高中体育课要坚持素质教育和健康第一的指导理念，增强学生身体素质。为了实现这个目标，老师要积极结合学生在生活中比较感兴趣的事物，注重学生的个体差异，运用灵活多变的教学模式来创新体育课堂。下面我们就从创新教学手段的作用意义、策略、实施成效、注意事项等几个方面进行阐述。

一、创新体育教学手段的作用与意义

高中体育课堂教学手段的创新，并不仅仅是为了顺应新课标的要求，更是为了满足学生的需求，对于高中生的发展也有积极的作用与意义。创新教学手段可以在很大程度上促进学生的身体素质提升，提高他们的运动技能。在高中的学习过程中，由于学业比较紧张，课程安排比较紧密，大部分的学生在每天的学校生活中，几乎都不离开自己的课桌。这样对学生的身体素质培养来说就是一大隐患。那么在体育课堂上通过教学手段的创新，就可以吸引学生的注意力，让学生从繁重的学习压力中解放出来，放松身心，振奋精神，通过积极投入，增加锻炼，提升身体素质。

二、创新体育教学策略

（一）运用师生角色互换，突出学生主体地位

传统的体育课堂教学以教师讲授为主，学生获得运动技能为目标。但是单一固定的课堂教学模式容易使学生疲倦，不利于调动学生学习的积极性，更不能突出学生在学习中的主导地位。德国著名的民主教育家第斯多惠曾说："教育的艺术不在于传授的本领，而在于激励、唤醒和鼓舞。"师生角色互换，教师成为课堂教学的引导者、服务者，学生成为课堂的真正主角，极大地调动起学生参与的积极性和主动性，唤醒学生自我实现的内在愿望，能有效提高课堂教学效率，促进学生综合素质的提升。

角色互换可以安排在课堂教学开展前，老师根据教学内容，结合班级的实际情况，对学生进行分组。学生在准备的过程中，结合自己的能力水平和兴趣爱好，充分发挥主观能动性，通过多途径多方式，如利用教材、向老师咨询请教、通过网络资源等方式，了解掌握教学内容的相关知识点，设计教学方案，然后在实践中展示这一堂课。这一过程可以极大地培养学生发现问题、解决问题的能力。

同样在教学过程中，我们也可以角色反转。老师以"学生"角度提问。例如，在田径教学中，我曾向学生提出"推铅球的方式有哪几种"的问题，然后让学生独立思考或小组

讨论,最终学生给出了"侧向原地推铅球""上步推球""侧向滑步推球"等不同答案。这样的教学方式,不仅能极大地调动学生参与课堂的积极性,而且培养了学生的创造性思维,体会到探索创新的喜悦。

(二)情境教学,使教学更具目的性

情境教学法是指在真实的情境中,使学生通过切身的运动实践,运动欣赏等体育行为,提高运动能力,加深运动感悟,促进体育价值观形成的教学过程,其主要特点表现在情境的真实性、开放性以及感受的深刻性、持久性。

情境教学法与传统的技能教学不同的是:教师不是从基本的动作教起,而是从项目整体特征入手,然后再进行具体技能学习,最后再回到整体的认识和训练中,突出主要的运动技术,而忽略一些枝节性的运动技术。注重在实践中培养学生对项目的理解,把技术运用在"尝试性比赛"中,引导学生懂得如何学以致用。

比如在球类技战术教学中,让学生进行实战观摩,通过看比赛片段、动态图的演示、图解的讲解等方式,结合实战向学生演示一些技战术的配合和应对的方法,既培养学生全面观察情况,把握和判断时机以及临场的应变能力,又能使学生最终可以根据所学的技术和战术,判断出"做什么"和选择最佳的行动方案——"如何去做"。

比如篮球技战术的教学,挡拆配合。把 NBA 比赛中配合的技术截取,用慢速播放形式展示,然后学生分组进行比赛,强调比赛时尽量用挡拆配合,少用其他配合,在此过程中老师可以运用视频手段拍摄学生配合的过程。总结过程中视频回看并向学生提问,在运用这个技战术中注意的事项,引导学生了解挡拆配合的要求:快速移动,准确卡位,把握时间,正确拆分。老师再示范讲解动作,并在此过程中提出学习的重难点,侧掩护时脚要站稳,不能移动挡拆,挡拆到位后手臂的摆放等,最后才分组进行挡拆练习。这样使得学生学练更有目的性,课堂效果更显著。

(三)使用运动APP软件,综合构建体育课堂

随着我国科技的进步,信息化技术的发展,大量的新事物进入到了我们的生活中,为我们的生活带来了便利。在高中的体育教学中,为了促进教学手段的有效性,老师就可以将新鲜事物与实际教学结合起来,利用和体育教学相关的 APP 软件,进行课堂教学。这既符合学生的心理需求,又能促使其把更多的注意力投入到课堂中来,提升参与度,从而实现教学的有效性。同时在兴趣推动力的基础上,能使学生多去练习,做到自我比较评价,将自己的运动技能水平进一步提升。

比如,在进行 24 式太极拳教学时,老师就可以利用《24 式太极拳》app。将学生进行分组,每组配备一个手机或 iPad 设备,通过 app 里面的太极拳概要简介,先了解太极拳的特点;再集体观看视频,建立拳术的整体印象和概念。在观看过程中,老师引导学生关注太极拳的特点在视频中的体现——心静体松、圆活连贯、虚实分明、呼吸自然。最后,让

学生通过图文讲解,自学动作,小组协同合作初步掌握动作的框架。在此基础上,老师再介入讲解示范教学,学生掌握技能自然就事半功倍。

课后老师还可以布置练习,让学生再次通过 app 去复习、巩固、提高,在下一次的课堂中以小组形式进行展示,这样使得课堂学习有了延伸,也使得学生技能的掌握和提升会变得更好。当然在教学过程中要引导电子设备的合理使用,仅限课堂内使用,鼓励放假后回家通过软件继续学习、复习提高,自学将要新授的课堂内容。

我们还可以合理利用抖音小视频,设计合理体育项目。

最近抖音小视频在年轻人中十分的流行,体育老师就可以积极利用它,设计新颖有趣的体育项目。这样不仅可以激发学生的兴趣,调动学生的积极性,更能促进他们对体育项目的喜爱,主动参与到体育项目的锻炼中来,从而达到增强他们的身体素质的目的。但在这个过程中,老师要注意度的把握,不能让学生形成依赖。

比如,老师可以选择一些符合学校现有教学条件和环境的体育项目,课堂上让学生根据自己的兴趣进行挑选,选择最多的那个项目,就是下一节体育课的主要教学内容,这样既尊重了学生的意愿,又充分满足了学生的心理需求,也有利于体育课堂有效性的实现。并且在教学过程中老师还可以将同学们活动的过程拍成抖音小视频传到网上。这样既是对学生的一种肯定,也有利于对抖音小视频的合理利用。

这样有效合理的使用 APP 软件,既促进了教学手段的创新,又构建了良好的教学氛围。

（四）利用积分制管理，科学评价学生表现

（1）设置"积分"：教师在设计教学目标和内容时,将一个技能模块设定为一个单元,根据技能难易程度,结合学生的运动能力水平,设定为掌握、基本掌握、未掌握三个等级,分别以 3、2、1 进行量分;

（2）得分原则：形成牢固动力定型做动作熟练、省力、自如,即为掌握;技术动作有改进,动作规范,基本上建立动作定型,即为基本掌握;动作吃力、不协调,动作间有干扰现象,并伴随着一些多余动作,肌肉紧张,即为未掌握;

（3）运作方式：模块教学结束,安排课堂内测评。可以根据运动项目和内容的不同,运用多种方式。如武术项目,五步拳,可以东南西北四个角背向而立,独自演练,老师和学生互评结合。田径项目,蹲踞式起跑技术,分组沿跑道线模拟起跑,从器械调整、重心控制、起跑的步伐等方面考评;

（4）积分统计：老师记录测评课同学的得分,按比例折算计入期末总分;

（5）激励办法：每个模块测评结束,老师和学生互评相结合的方式,评出"模块之星",学期评选"课堂优秀之星"进行表彰,学生所有积分结果将作为评优评先的重要参考依据。

积分制管理的实施,使学生更加有学习的动力,积极性和主动性得以提高,有利于激发学生之间的竞争意识，完善了教学中的评价体系，为提高创新教学手段的有效性奠定了基础。

三、创新体育教学手段的注意事项

（一）与教学实际要紧密

创新的教学手段要符合学校实际，与学校的资源配置和学生实际的运动能力水平相符合。如教学手段与学校现有的教学资源相脱节，就会在教学的实施过程中，导致教学工作无法顺利开展创新；教学手段的教学难度与学生现有的运动水平能力不符，就会导致学生空有体育理论知识，但实际运动技能的掌握和提高并不理想。

（二）教学手段与学校规章制度要协调

为了激发学生学习体育的兴趣，有些老师倡导运用一些有关体育项目有关的手机软件，这固然可以提高学生进行学习锻炼的兴趣，但也增加了学生对手机的需求。这一现状的出现就与许多学校的规章制度相违背，教学过程中要合理地处理好这两者之间的矛盾，保障学校教学秩序的正常进行。

（三）创新教学过程中要紧扣主题

不同地区的高中学校教学水平参差不齐，对体育学科认识也不充分，创新教学手段就有可能因为这些因素，导致教学偏离主题。比如：学校倡导老师要学会放手，让学生通过多媒体课件自主学习，有一部分老师就会完全让学生观看体育视频，自己在课堂上完全不参与，过分强调学生的自主性，忽视老师应该承担的指导责任，这就是偏离主题的表现，不利于学生的健康发展和课堂的有效性实现。

（1）注意师生安全。

创新体育教学手段，丰富体育课堂内容，但对课堂的安全性也提出来更高的要求。首先教师要考虑学生的个体差异，设计科学合理、难易程度得当的教学内容和教学过程，要加强安全教育，落实课堂常规，对学生练习中的错误动作要及时纠正，场地、器材安排布置落实要到位。

（2）注重教学质量。

在教学过程中，教学质量永远是学校以及老师所关注的重点。那么在创新体育教学的过程中，为了保障教学质量，学校就可以采取调查问卷和对比观察的方法。通过调查问卷形式了解学生对教学手段创新的喜好程度、欢迎程度；通过对比观察的方法，对使用创新与传统不同教学手段的班级比较，从学生课堂的参与度、技能掌握度、身体素质提高等方面做出参照，再结合每年的体质健康数据测试的机会，进行综合对比，用数据来体现。

综上所述，创新体育教学手段是提高体育课堂的有效手段，并且保障创新体育教学手段的有效性也是学校需要努力的方向，只有保障了教学手段的有效性，才可以确保课堂的有效性。这样不仅有利于激发学生的学习兴趣，让学生自主投入到体育运动的学习、锻炼中来，更能培养学生终身体育锻炼意识和习惯，为促进我国的体育事业发展起到一定的推动作用。

第五节　体育教学模式的多元化发展

一直以来，高校体育是我国整个教育体系中非常重要的一个组成部分，它是连接学校教育与社会教育的重要枢纽部分。目前越来越多的人已经开始认识到终身体育思想的重要性，并对其致以高度的认同，随着终身体育思想的普及发展，如今，终身体育思想已经渐渐成为现代人们社会生活的理想追求。终身体育思想也在学校体育中得以充分的重视与运用，而高校体育作为学校体育教育的最后阶段，是培养学生终身体育思想与习惯的重要平台，同时也为学生将来走向社会，并在社会生活中培养终身体育习惯与行为打下坚实的基础。高校体育教学模式是高校体育教学的基本结构，其中凝聚了高校体育教学理论核心，是一个具有操作性与实践性的体育教学框架。在当前高校体育教学改革的过程中，通过对多元化体育教学模式的构建，不仅有利于培养大学生健康的身心素质和持久的体育思想，从而实现大学生身心素质的全面发展，同时也符合当今时代对于综合素质全面发展人才的需求。

一、高校体育教育中多元化教学模式的重要作用

在当前的高校体育教学过程中，通过对多元化、富有成效的新型体育教学模式的运用，充分体现学生在教学过程中的主体性，鼓励并引导大学生积极参与到体育教学过程中，增加学生参与体育活动的主动性，从而提高学生的参与度，使得学生在彼此之间的互动与交流中学习体育理论并提升体育技能，有利于培养学生的实践能力和团队协作能力，同时也有利于激发学生对于体育课程学习的兴趣与热情，从而增强学生的体育学习效果，最终实现体育教学目标。在高校体育教学过程中，在实施多元化体育教学模式时，要充分挖掘并利用已有的体育教学资源，对体育教学模式进行适当的改革与创新，增强体育教学模式的新颖性、多样性与有效性，并积极引入符合学生身心发育特征、受大多数学生欢迎的体育活动形式，在保证体育教学模式科学性与实用性的基础上，进一步丰富高校体育教学模式，从而促进高校体育教育事业的高水平发展。高校体育教师在体育教学过程中，开展多元化教学模式的时候，还应该充分了解并掌握当地学生的具体实际情况，探索出科学合理且具有特色的体育教育形式，以更进一步地丰富整个体育教育体系，对体育教育相关资源进行充分挖掘与有效整合，并且还可以在整个教学过程中，适当融入一些具有趣味性的元素，以实现体育教学过程的趣味化与特色化，最终促进高校体育教学有效性的提升。

二、体育教学模式多元化的必要性与可行性

（一）体育教学模式多元化的必要性

多元化已经成为当今社会多个领域发展的普遍追求。在学术领域中，多元化发展为学术理论的生存与发展提供了比较广泛的空间。在如今的社会中，传统的绝对主义思想已经渐渐被多元化发展思想所取代，渐渐失去了其存在的意义。在当今信息时代背景下，多元化发展思想渐渐推动着现代教学模式的合理化与科学化发展。所以，在新时期，对于高校体育教育而言，非常有必要顺应时代发展的需要，自觉改变过去传统单一的体育教学模式，积极改革并创新体育教学模式，并结合本校发展实际，充分挖掘、利用、整合当地教育资源，探索出多种符合实际的新型体育教学模式，进一步丰富体育教育体系，以实现体育教学模式的多元化发展，从而促进高校体育教育整体水平的有效提升，这是当前高校体育教育过程中非常重大的举措。

（二）高校体育教学模式多元化的可行性

1. 课程行政主体的多元化

我国于 2001 年 7 月颁布了《体育与健康课程标准》，该标准中提出要对课程管理的权力进行下放，与此同时，还提出了三级课程管理体制，具体地说，就是建立国家、地方与学校共同管理的课程体制。对于学校而言，将有更多的自由与权力来管理体育教学内容与教学方式等。我国所制定的新课程标准与传统的教学大纲具有比较明显的差异，主要表现为只是制定了教学目标，而对具体的教学内容没有进行详细且硬性的规定。该课程标准还将体育教学目标进行了适当的划分，分成了五个领域和六个水平。但是对详细的评价方法与可行性的评价方案没有进行具体明确的规定，而是交给高校和体育教师来自行设定。总之，该体育课程标准的实施，为高校体育教学模式的多元化发展提供了良好的政策环境。

2. 对传统体育课教学模式的反思

在传统体育教学中，主要教学目的在于提高学生的体能素质，并向学生传授运动技术，在传统的课堂教学中，主要运用的是一种教师讲解示范—分解练习—完整练习—熟练巩固的教学模式，在该模式下，主要是以学生的运动技能形成规律为基础的。尽管这种传统的体育教学模式有利于增强学生的身体素质，有利于提高学生的运动技能，但是缺乏一定的针对性，不利于学生综合素质的全面发展。该模式没有充分尊重学生的个体差异性，没有充分考虑不同学生的实际情况，这种单调传统、缺乏针对性的体育教学模式导致很多对体育运动感兴趣的学生不乐意上体育课的现象。由此可见，这种传统单一的体育教学模式不利于学生体育素质与综合能力的全面发展。基于这样的情况，作为高校体育教学工作者，应该积极创新，勇于探索，自觉培养自己的创新意识与探索精神，并根据时代发展需要，结合现代体育教学理念，构建出多元化的新型体育教学模式，从而培

养出符合时代发展需求的复合型人才。

三、新时期高校体育教学模式多元化发展的策略

（一）加深对体育教学模式多元化的认知

在当今这个信息时代背景下，各大高校应该积极转变自己的体育教学理念，积极学习并引入先进的教学理念，在传统的体育教学评价中，教师只是将学生的成绩作为评价学生体育能力的唯一标准，这种评价方式缺乏一定的科学性与全面性，难以对学生进行客观公正的评价，因此，在新时期，高校体育教师在注重学生体育能力的评价时，还应该注重学生身体素质、心理素质等多方面的评价。因此，在体育教学过程中，高校与体育教师应该重新审视信息化教学的重要价值，充分认识体育教学的重要性，适当提高体育教学的地位，实现其学科地位的提升，要想做到这一点，首先就需要高校体育教学工作的管理者充分认识到体育教学模式多元化发展的重要性，只有如此，才能使得高校体育教学工作者积极转变过去传统的教学理念，在体育教学实践过程中，能够自觉运用现代信息技术。

（二）创新高校体育教学模式

在信息时代背景下，高校应该以新型的、先进的体育教学理念为思想指导，积极探索出新的体育教学模式，高校体育教师，是整个教学过程的重要主体，是整个教学活动的引导者与组织者，在整个教学过程中发挥着非常重要的作用，因此，体育教师在实际的教学过程中，应该充分尊重学生的主体性，通过在教学过程中适当融入一些趣味性元素，以激发、调动学生自觉学习体育课程的积极性与主动性，鼓励并引导学生主动探索体育学习中的奥秘，以培养学生的自主学习能力和实践能力。与此同时，体育教师还可以根据教学大纲的要求，积极开展具有趣味性的体育教学活动，例如，体育教师可以通过分组教学法与比赛教学法相结合的方式，让学生通过自由组合与比赛活动的形式，主动参与到体育项目技术的学习中，从而激发学生的学习兴趣与热情，最终实现体育教学效果的提升。

（三）提高高校教师的技术水平

在互联网时代背景下，信息技术已然成为推动教学发展的重要手段，而在信息环境下，高校应该加大对体育教学专业技能的训练，比如说，对计算机相关知识的培训，要求教师必须要掌握相应的 Photoshop 和 Office 办公软件。同时还要学会动画制作等教学视频的制作，将教师的信息技术能力作为教学考核的重要标准，只有这样，体育教师才能够以提升自身的专业水平为根本，不断加强对信息技术的学习，定期与优秀的体育教师进行技术交流，实现共同进步。

（四）加强高校体育教学、科研经费投入

高校体育场地、器材不仅是教师选择教学内容的重要依据之一，同时也是限制大学生参加体育活动的重要因素。高校体育教师在进行教学研究的过程中，遇到最大的问题就是经费投入不够，这在一定程度上降低了他们从事科研工作的积极性。加强学校体育教学、科研经费的投入，不仅可以激发教师进行教学改革的动机，也是教改研究能够得以顺利进行的财力、物力保障，还可以激发学生参加体育运动的兴趣与热情。

（五）重视学生在教学过程中的主体地位

素质教育要求把学生作为学习的主体，强调参与、合作、尊重差异和体验成功。教师在选择体育教学模式时，应注重与学生之间的积极互动，共同发展。研究学生的身心特点，因人而异，因材施教，满足不同学生的学习需要。创设能引导学生主动参与的教学环境，激发学生学习的积极性。努力发展学生的聪明才智和个性特点，养成自觉锻炼身体的习惯，使"主动"成为体育教学的核心，引导学生自己去掌握知识、技能，学会锻炼身体的方法，并且实现由"学会"到"会学"的转变，增强学生的学习能力，并使之可持续发展。

（六）运用模式，超越模式

在强调模式方法重要性的同时，还应充分认识到模式方法的局限性。其一，模式是在系统分析的基础上抽象和简化而成的，模式一旦构建完成，即具有相对的稳定性。在一定条件下，模式的稳定性会和不断发生改变的系统产生一定的抵触。此时模式就不具备先进的导向性了；其二，构建模式的目的在于在相同条件的区域进行推广，但是，一旦无限扩大模式推广的领域和范围，就会使其与客观实际相脱离，因此模式是不断发展的，模式的推广也是有条件的。适用一切目的和一切分析层次的模式无疑是不存在的，重要的是根据自己的目的去选择正确的模式，并对多种模式进行综合运用。

综上所述，对高校体育教学模式多元化的探析，旨在改变当前高校传统的教学理念，以信息技术为依托，实现体育教学模式的创新。同时定期开展座谈会，提高教师自身的专业技术，创新教学的内容，从而更好地提高教学的质量。

第六节　体育教学的有效性与正当性

一、体育教学的有效性

我们国家长期的"应试教育"模式，导致许多学生苦于文化课的学业压力。中学阶段在学生学习生涯中所占比重很高，尤其是高中阶段，学生所要面临的高考让学校把学科的重点教学放在了文化课上，体育课容易被学校忽视，这对于学校的教育工作是不利的。体育课本就在学校课程设置中的所占比重较低，在这样被忽视的情况下，如何提升体育

教学的有效性,让学生在稀少的体育课中提高身体素质,帮助他们缓解课业压力,同时也能激发学生对于体育运动的热爱,这是作为一名体育老师所要探究的问题。

(一)教学定位准确,更新教学观念

在中学教育阶段,家长老师都把大部分注意力放在学生文化课程的训练上,我们承认文化课程对于学生最后成绩的核心影响,但是不能因此而忽略体育教学的重要性。作为一名体育老师,对于如何把控好一节有效的课程教学是有度的,当然教师对体育课程的重要性定位应该是明确的,体育课程的设置应该是能够体现出学生的自主性、主动性和创造性。不管别人怎样看待体育课程的价值,作为体育老师,应该是明确体育的定位是和其他四育并存,对学生的成长是必不可少,所以对于那些占用体育课程的现象,应该说不。其次,教师自身也需要去接纳新的教学理念,在观念的调整更新中改进课程教学。教师应该认识到体育教学对于学生提升身体素质的重要性,在体育教学过程中,教师面向的不是个别学生,而是整个班集体,群体性的教学难度更需要考虑的全面。根据不同的年级学生的课业压力,教师要调整课堂教学的体能训练要求。教师要转变旧观念,根据学生的身体素质实况安排教学内容。体育课是开放性的活动课程,但不代表学生就纯自由活动,教师应该保证每节课都提供给学生一些有科学依据的体能训练,有效的体育教学需要教师有意识地去变换教学方式,寻求自己所代表的体能训练要求和学生所代表的运动需求之间的平衡点。在课程实施过程中的实践安排固然很重要,但在此之前,教师有意识地去规划课程安排,去接纳体育教学中的新鲜观念也很重要。

(二)注重课程训练的科学性

任何一门课程的任课教师都需要专业性的支撑作为提升教学有效性的依据,体育老师也不例外。体育课程和文化课程的不同就在于它的灵活性不确定性因素更高,体育课程很难像文化课程那样去做详细安排,这就给教学活动带来一定难度。学生离开教室可以有难得缓解压力的时机,但并不意味着体育老师就完全给学生自由安排,怎样把控好学生放松的度以及让学生完成一定量的体育训练,这就体现出教师的智慧。

教师除了对于体育知识要有系统性的掌握,还要懂得把专业知识结合学生兴趣,科学合理地呈现在教学过程中。例如,教师在正式运动之前,做好准备活动,在选取教学内容时能够考虑到大部分学生的需求。传统的体育课程设置都是以教师诉求为主,现在我们不妨尝试做出一些改变,在进行实践运动之前向学生传授一些体育知识,通过讲解帮助学生即将要学习的体育课程内容有了一定了解,然后可以征询学生兴趣意愿开展体育安排。当然,开展任何一项体育运动之前,教师要对整节课程的安排有科学规划,本节课程要让学生达到什么程度的体能素质,为了实现这一目标又应该从哪些准备活动做起,中间有需要增加哪些额外的体能训练。体育课的开放性运动性就决定这门学科在教学中对思维训练和肢体训练都有要求,需要教师科学安排课程内容,打破机械式的体育训练,增加课程趣味性,真正让学生在活动参与中体验到体育运动的魅力所在，只有学生有参与体育运动的渴望，才能激发学生的积极性，努力配合教师的课程教学，从而提升体育教学的有效性。

（三）充分利用教具，有效利用丰富的教学资源

传统体育课程的教学方式就是让学生通过跑、跳等训练机能的发展。而随着时代的进步，在各种运动器材的辅助之下，体育课程给学生带来真正意义上的运动体验，也为学生提供更加富有真实感的课程教学体验。而且，信息化时代的到来，教师可以采用数据汇集的方式，利用丰富的教学资源，帮助学生进行体能素质记录。不定期为学生记录体质测量数据，提高学生对身体素质的关注度，这对于提升学生的课程积极性、专注度是有积极影响的，这也可以帮助教师实现体育教学的有效性。

学校体育工作要始终以学生为主，教师不仅重视学生的文化课成绩，也要看到体育运动对学生的必要性。有目的、有计划地规划教学内容，体育老师应该充分利用教学时间，真正发挥体育课的效用，让学生在体育活动中既能得到放松，同时也会为文化课的学习塑造良好的身体状态。

二、体育教学的正当性

课堂教学不仅应当是有效的，而且应该是道德的或正义的，这是肯尼斯·斯特赖克所提出的有关有效教学的正当性问题。有时候在追求效率、效益、效能的基础上，会忽略对体育教学正当性重视，往往看重的是成绩、荣誉。人们不会反过来问问"有效的教学是否就一定是正当的教学？"在教学中，教师往往重视那些成绩比较好的学生，对那些成绩差的学生或身体有一定缺陷的学生是不关注的。从整体上看，这样的教学可能会提高效率，但它是正当的吗？在体育教学过程中，教师为了让学生达到预期的结果，以损害学生的身心健康方式，有效的获取了成绩，这样的教学是否就一定是正当的？

（一）正当教学的内涵

正当教学主要是指教学者的教学行为和教学实践应符合人类最基本道德的一种属性。从内容上来看，包括五个方面：（1）正当的教学应当是符合法律要求的，不合法何谈正当。教师在教学过程中应当尊重每位学生受教育的权利。（2）正当的教学应该是平等的。教师要做到一视同仁，平等待人。（3）正当的教学要以学生为中心，要尊重学生，在教学中体现学生的主体性。（4）正当的教学应该是符合道德的要求。如诚实守信，公平正义等。教师在教学过程中要促进学生的道德理念，培养学生成为有德之人。（5）正当的教学应该发挥教师的带头作用，做到宽严有度、松紧有法，才能保障教师的正当性。

（二）体育教学中正当教学的主要原因

1. 一味地提高有效的教学，而忽略了对正当性的重视

教学正当性是教学有效性的前提，教学有效性是教学正当性的核心，两者相辅相成，

缺一不可。有些教师一味地按照学校过旧的制度去要求学生,被迫学生去做自己不愿意做的事,最后的结果会造成学生破罐子破摔,甚至会伤害学生的身心发展等现象。比如就《青少年健康体质标准》来说,有关教育部门重视学生的体质是否达到国家所要求的标准,各校必须准确的统计相关的数据,而多数学校为了应付,随意伪造,尤其是农村学校。忽略了有效的正当性。

2. 一味地只按预设的结果来教学

教师在安排课时,预期学生在这堂课中所要达到什么目标,早已心中有数。比如教师在课前备课和准备等这一系列的工作在教学中是不可替代的,但这只是一小部分,它展现出了一种"生成性",而它的生成性在于预设只是一种构思和可能,在体育教学实践过程中是无法预设的,有可能会出现,有可能不会出现。因为课堂是活的,而不是定性成那样就是那样的。教学的有效性过于注重预设性,而忽略了在教学过程中发生的意想不到的情景,一味地陷入了机械式的教学观念。

3. 一味地体现出以教师为主要角色

教学活动是教师的教和学生的学双边活动。常常提倡"以学生为中心;学生是主体,"等话题。从目前教学来看,当运用到实践中去,两者之间的关系还是含糊不清,没有体现出学生的主体性。教师在讲解时,剥夺了学生的发言权利,使学生渐渐形成了没有发言的意识,像这样的教学能体现学生的主体性吗?在体育教学实践中,教师与学生之间,学生与学生之间有语言直接交流的同时,也要有肢体的直接交流,这样特殊的交流会导致教学过程中的随机应变和不可预测性,因此要注重教学的正当性。

三、体育正当教学应采取的措施

(一)保证每一位学生有参与体育活动的权利

体育课程在中小学是一门必修课程,每一位学生都具有上体育课的权利。体育教师的职责不是禁止学生上体育课,而是鼓励学生积极参与体育活动。在体育实践过程中,有些学生不遵守课堂规则在课堂上调皮捣蛋或者有些学生身体比较残缺,教师为了提高教学的有效性,禁止他们参与体育活动。我们应做到:有自己的智慧和良好的教法去吸引学生,对于那些不愿意参与体育活动的学生,教师要积极地做思想工作,多去跟学生沟通;对于那些上体育课有困难的学生,教师要把他们领进操场,让他们观察体育带给人的快乐。

(二)体育教学的正当性要做到区别对待

"区别对待"教学原则在体育教学中尤为重要,因为在同一年级,同一层次的学生在智力方面可能差别不太大,而在身体素质和运动技术方面,他们存在着很大的差距,因此会造成学习运动技术快慢的问题。体育教学为了提高教学的有效性,教师对那些学习较快的学生相当重视,而忽略了学习较慢的学生或身体有缺陷的学生,这样的教学是不正当的。要根据学生的身体素质和运动技术的能力、兴趣爱好,合理地分组,教师在有效性教学中要确保教学的正当性。

（三）确保以学生为中心的主体地位

在体育教学实践过程中,学生也有自己的观点和主见,教师不要把学生当成是实现某种外在目的的手段。如一些体育老师片面地认为体育课以学生为中心,而自己觉得讲解、示范、传授越少越好,把大量的时间留着学生练习,教师却成了闲人,学生迷迷糊糊地就上完了一堂体育课。我们不应该让学生消极、被动地接受教育,而是让他们主动、刻苦、有创造性地去学习。不是说以学生为中心,教师就没有意义了,而要把两者结合起来,把握好课的尺度,才能使教学达到有效的发展。

第四章 高校体育教学训练方法路径

第一节　力量素质和速度素质训练

一、力量素质训练

多数体育生都是在高二才开始加入体育训练的队伍中来,由于没有长期系统的专业训练,想要在短期内迅速提高运动能力进而取得优秀的体育高考成绩极易在训练过程中走入误区,进而造成运动成绩起伏不定,停滞不前的现象。体育高考主要分为身体素质和球类两大考核部分,力量素质作为身体素质的重要组成部分,将直接影响体育高考的总成绩。因此,如何在力量素质的训练过程中,避免误区争取训练效果的最大化显得尤为重要。本节将从以下几点对力量训练的注意事项进行阐述。

（一）力量素质的发展既要全面也要突出重点

机体作为一个有机的联系整体,不能单独靠某一部分的肌肉发力来完成动作。针对相对复杂技术动作,需要全身不同肌肉群的整体配合工作才能完成。通过世界男子百米大战可以看出,优秀运动员均重视全身肌肉力量的协调发展;而不是单纯强调下肢或局部力量素质的发展。因此,在发展力量素质的过程中,在发展下肢力量素质的同时也应该加强上肢和胸、腰、背和臀等部位大肌肉群的锻炼,同时也要注重发展核心部位的深层次肌群和其他薄弱小肌群力量。

（二）做好充足的准备活动,训练结束后要及时放松肌肉

在正式参加比赛或训练前一定要做好各项准备活动。通过准备活动可以提高中枢神经系统的兴奋水平,增强机体对大负荷强度刺激的感觉;增强氧运输系统的机能,从而提高工作肌群的代谢水平;此外还可以使体温提高,降低肌肉的黏滞性增加弹性;让肌肉发挥最大的收缩的力量,同时还能有效地预防肌肉损伤。力量训练结束后,由于乳酸的堆积使得肌肉常常会出现充血肿胀的现象。因此,在力量训练结束后要及时采取各种活动性手段、整理活动或保证良好的睡眠、合理的营养补充,以及按摩理疗等方式。使肌肉充分放松。

（三）集中注意力,加强安全保护意识

肌肉活动总是在中枢神经系统的调节下进行的,力量练习时要集中注意力。充分靠

目标肌群有效发力完成动作练习,真正做到使意念活动与练习动作紧密保持一致;练哪里靠哪里发力。这样不仅可以使肌肉力量得到更好的发展。还能降低在大负荷练习时的受伤几率。另外,为了加强在力量练习的安全性,还应加强学生的自我保护和互相保护意识,在大负荷重量练习时严禁单独训练。在临近力竭时,更应该注意加强同伴之间保护,预防安全事故的发生。

(四)与专项动作相结合,保证技术动作的规范性

不同的专项动作有不同的技术结构,要求参加工作的肌肉群力量也不同。如投掷类项目要求学生竭尽全力的获得使器械获得最大的加速力量。因此,在力量训练的过程中要根据专项技术的动作结构来选择恰当的练习方法,从而更好地获得发展有关肌群力量的效果。在实际力量练习时,必须按照相关动作的技术规格要求严格进行,否则由于身体姿势的不正确,而导致技术动作变形;不仅会影响目标肌群的训练效果而且还会增加运动损伤发生的几率。例如,在进行杠铃深蹲练习时需要双眼平视前方,始终保持收腹挺胸腰背部挺直;靠大腿、核心部位肌群协同发力。针对大负荷训练要系好腰带;严防弓背的出现。为了进一步加强安全保护,可以在杠铃两侧安排两名保护人员以防腰部损伤。

(五)要掌握正确的呼吸方法

憋气有利于固定胸廓,提高核心肌群的紧张程度,通过有效的憋气可以提高人体在极限状态下完成动作的最大力量。有学者研究发现,人在憋气状态时背力最大为 133 公斤;在呼气时为 129 公斤;而在吸气时只有 127 公斤。尽管如此,也因该注意到过度用力憋气会引起胸廓内压力的提高,使动脉的血液循环受阻,而导致脑贫血,甚至产生休克现象。因此为避免憋气产生不良后果,当短时间内完成最大用力时,应尽量避免憋气,尤其在负荷不大的重复做练习时,更不要憋气。针对初始训练者,应尽量减少极限用力地练习。引导其在练习过程中学会正确呼吸;此外尽量减少在完成力量练习前做最深的吸气,因为过度深吸气会增加胸廓内的压力从而导致练习效果不佳。

(六)要制定系统的训练计划

根据用进废退的原理,力量素质训练应全年系统安排,不能无故中断。相关研究证明,力量增长得快,在停止训练后消退得也快。但是,发展力量素质练习不宜在疲劳的状态下进行,因为这种状态下的练习主要发展的是肌耐力而不是肌力量;同时可能还存在潜在的安全隐患。至于训练效果更是大打折扣。

力量素质训练应该依据不同人群、不同项目以及训练任务的不同而区别对待,负荷的安排应具有明显的周期性、波浪式特点。力量训练课的次数应根据训练课所处的阶段和周期、需要达到的具体目标、训练者的年龄、性别、身体状况、特别是现阶段的训练水平等做出具体安排调整。需要注意的是在体育高考前半个月内,应尽量少对大肌肉群采用

极限负荷的练习。在每次训练中,先安排发展最大力量、速度力量,最后安排力量耐力的练习。

在进行发展力量素质的训练课中应使各全身肌肉群得到充分锻炼。一般按照从下肢肌肉群到核心肌肉群再到上肢和肩带肌肉群顺序进行的练习。根据专项训练动作应先安排复合动作使主要的大肌群得到锻炼,然后在安排孤立动作使局部肌群再得到充分锻炼。

力量性训练作为身体素质的重要组成部分,对体育高考总成绩发挥起着重要的作用。教练员应该高度重视力量素质的训练,掌握有效的训练方法。确保学生在有限的时间内不断提高训练水平,为体育高考做好充分的准备。

二、速度素质训练

速度素质是指人体快速运动的能力。包括人体快速完成动作的能力和对外界信号刺激快速反应的能力,以及快速位移的能力。现代中职院校学生身体速度素质和十年前相比明显不足,学校体育教师、教练员可结合实际提高以下几个方面认识,加强对学生速度素质的培养,全面提高学生的速度素质从而带动学校体育活动的开展。

(一)速度素质包括反应速度、动作速度和移动速度

反应速度是指人体对各种信号刺激快速应答的能力。动作速度是指人体或人体某一部分快速完成某一个动作的能力。移动速度是指人体在特定方向上位移的速度。以单位时间内机体移动的距离为评定指标。一位具有良好移动素质的运动员,不一定也具有良好的反应速度。

(二)各项速度素质的训练应明确的问题

1. 反应速度训练应明确的问题

首先,反应速度由神经反射通路的传导速度所决定,基本属于纯生理过程,不受其他因素影响。纯生理过程的提高是相当困难的,很大程度上取决于遗传因素,通过训练可使学生运动员潜在的反应速度能力表现出来并稳定下来。其次,在训练中学生运动员注意力集中与不集中大不一样,运动员注意力集中,可使神经系统处于适宜的兴奋状态,使肌肉处于紧张待发状态,此时,肌肉的反应速度比处于松弛状态时可提高60%左右。这种状态有时间限制,一般适宜时间为1.5秒左右,最多8秒。因此,短跑运动员在预备起跑时,要紧紧的压住起跑器,把思想集中于准备迅速迈出第一步。第三,反应速度的提高在很大程度上取决于运动员对信号应答反应的动作熟练程度。在进行反应速度地训练时,还要经常改变刺激因素的强度和信号发出的时间。

2. 动作速度训练应明确的问题

提高应与掌握和保持正确的技术动作紧密地结合在一起。专门性的动作速度训练

与专项比赛动作要求相一致。在使用反复做某一个规定动作为手段发展动作速度时，应合理的变换练习的速度。练习的持续时间一般不宜过长，动作速度的训练强度较大，运动员的兴奋性要求高，一般讲不应超过 20 秒。练习与练习之间的间歇是由练习的强度所决定的，练习强度大，需要的间歇时间就应长些。但也不要忘记，间歇时间过长导致兴奋性下降，不利于用剩余兴奋去指挥后边的练习，如持续时间 5 秒、强度达到 95% 以上的练习，间歇时间以 30 ~ 90 秒为宜。

3. 移动速度训练应明确的问题

首先，测定移动素质的手段常用短距离跑；距离不要过长，可用 30 ~ 60 米的距离；最好不从起跑计时，而测定其全速跑通过某段距离的能力；在运动员不疲劳、神经兴奋性高的状态下测验；可测定 2 ~ 3 次，取最佳成绩。其次，最大步频和快速跑中的支撑时间对运动员的快速移动能力有着重要影响，优秀运动员单脚撑地时间为 0.08 ~ 0.13 秒，普通人为 0.14 ~ 0.15 秒。第三，提高移动速度有两个基本途径：一是力量训练，使运动员力量增长，进而提高速度；另一个是反复进行专项练习。无论通过哪个途径提高移动速度，训练中都必须重视确定适宜的训练负荷。第四，在训练实践中运动员力量得到提高，并不意味着移动速度马上可以提高，也有时当力量训练负荷减小以后，才有提高，这种现象叫"延迟性转化"。

三、提高各项速度素质的常用手段

（一）反应速度训练常用的手段

信号刺激法，利用突然发出的信号提高其对简单信号的反应能力。运动感觉法，需要经过三阶段。一是让运动员快速地对某一信号做出应答反应，然后教练员把时间结果告知，二是先让运动员估计时间，通过测定进行比较，提高运动员对时间的准确感觉。三是要求运动员按事先所规定的时间去完成练习，这样可以提高对时间的判断能力，促进反应速度提高。选择性练习。具体做法是，随着各信号复杂程度的变化，让运动员做出相反的应答动作。

（二）提高动作速度常用的方法手段

利用外界助力控制运动员的动作速度，在使用时必须掌握好助力的时机及用力地大下，同时还应让运动员很好地感觉助力的时间及大下，以便使他们能独立及早地达到动作速度的要求。减少外界自然条件的阻力，如顺风跑等。利用动作加速或利用器械重量变化而获得的后效作用发展动作速度。借助信号刺激提高动作速度。缩小完成练习的空间和时间界限，如球类利用小场地练习。

（三）提高移动速度常用的手段

首先，发展最高移动速度每次练习的持续时间不能过长，应以使每次练习均以高能磷酸原代谢为主要供能途径,一般地讲,应保持在 20 秒以内。多采用 85%~95% 负荷强度,练习的重复次数不应过多,以免训练强度下降。确定确定间歇时间的长短,应能使运动员机体得到相对充分的恢复,以保证下一次练习的进行。休息时,可采用放松慢跑,做伸展练习。其次,是各种爆发力的练习和高频率的专门性练习,如田径短跑做高抬腿跑、小步跑、后蹬跑、车轮跑等。也可利用特定的场地器材进行加速练习,如斜坡跑和骑固定自行车等。

四、速度训练的基本要求

(1)速度素质训练应结合运动员所从事的专项运动进行,如在短跑项目中应着重提高他们听觉的反应能力,在球类运动中应着重提高视觉反应能力。

(2)速度素质训练应在学生兴奋性高、情绪饱满、运动欲望强的情况下进行,一般应安排在训练课的前半部。

(3)速度提高到一定程度时,常会出现进展停滞、难以提高的现象,称为"速度障碍"。出现速度障碍时,可采用牵引跑、变速跑、下坡跑、带领跑、顺风跑等手段予以克服。

(4)掌握学生的实际身体情况,科学地安排速度训练。由于移动速度具有多素质综合利用的特点,移动素质的发展与力量、耐力等其他身体素质的发展有着密切的关系,因此,对学生进行速度训练的同时,要十分重视全面身体素质的训练。

第二节　耐力素质和柔韧素质训练

一、耐力素质训练

近几年来,国家在推进素质教育的同时,也相当重视学校体育和学生健康,首届全国学校体育工作会议中,提出要把学校体育与开展"全国亿万学生阳光体育运动"作为全面推进素质教育的重要突破口和主要工作方面;在《中共中央国务院关于加强青少年体育增强青少年体质的意见》文件中明确提出要"全面组织实施初中毕业升学体育考试,并逐步加大体育成绩在学生综合素质评价和中考成绩中的分量。"习近平总书记在今年召开的全国卫生与健康大会上也提出"要把人民健康放在优先发展的战略地位"。

但近年来,我们国民耐力素质却呈下降趋势且愈演愈烈,学生长距离跑能力下降、马拉松广州赛就有参赛队员在比赛中猝死的情况等,都说明了这个问题。因此,学校体育作为培养人们养成终身体育习惯的重要途径,贯穿学生学校学习的全过程,我们有必要通过学校体育课堂对学生进行耐力素质训练,增强学生心肺功能,提高学生身体素质。

（一）将耐力素质训练融入体育课中的必要性

1.耐力素质训练可有效促进学生身体素质的发展

耐力素质,是指人体在尽可能长的时间内进行肌肉活动的能力,耐力也可看作是对抗疲劳的能力。长期的耐力练习,可以使大脑皮层长时间保持兴奋与抑制有节律的转换,使大脑皮层神经过程的均衡性得到改善,神经细胞的工作能力和支配肌肉活动的各运动中枢之间的协调也能得到改善。特别对提高心血管系统和呼吸系统的机能具有良好的效果。

从小学到初中,再到高中人体都是在不断快速地生长发育中,而不同年龄阶段身体骨骼和肌肉坚实度都有所不同,所以我们要根据学生在不同年龄阶段、不同发展层次的身体特点,有针对性地去培养和加强学生的身体素质,注意控制学生在体育锻炼中的量和强度问题。对于中、小学生而言,我们强调的是有氧的耐力性练习要居多,这样更有利于学生的身体素质的发展,减少给学生身体带来的伤害。在耐力素质不断提升的同时,也为学生自己所喜欢的一些项目的学习和提高提供有力的体能作为保障,否则一切都是空谈。

2. 耐力素质是保证持续完成任何运动的前提保障

身体素质中包括五个方面力量、速度、耐力、灵敏、柔韧,在五项基本素质中,耐力都是重要保障。如百米跑后程就要有充足的体能做保障,进行肌肉力量练习做的组数多或做的练习类型多同样也需要耐力做保障。耐力的是保证持续完成任何运动的前提保障,有很多爱好者无论是在从事球类运动还是其他运动,除了技术,到最后拼的都是耐力,只有身体持续不断地提供充足的体能储备才能更好地发挥自己的能力,才能有更好精神状态投入到一天的学习和生活当中。

成为国家栋梁的人才们基本都是从学校这个大门走出来的,我们在学校体育课的教学中强调耐力素质的重要性,无疑是为社会培养的各个阶层的人才在校期间储备耐力素质的能力,一步一步地从小学、初中、高中、然后到大学,几乎长达 20 年学校生涯里练就他们健康的体魄,充沛的体能,旺盛的精力,以饱满的精神状态和健康的身体状况投入社会主义各个行业的工作岗位上去,并养成终身体育的习惯,时时刻刻都有一个好的身体基础,良好的锻炼习惯,像一部崭新的机器一样良好地运转起来。由此看来,在学校体育课中,将耐力素质融入其中就显得更加紧迫了。

(二)推动体育课中耐力素质训练的方法

1. 考虑学生运动需要,激发学生的运动兴趣

在体育课程中,采用哪些方法、开展哪些内容去开展和推行耐力素质训练,教师首先要考虑的就是学生的运动需要,激发学生的运动兴趣。

什么是运动需要?就是学生对体育运动的自身价值所产生的趋势,或想掌握某项体育运动技能的一种需要。如何判断学生的运动需要?我们可以从健身锻炼的方向出发,结合体育心理学方面的知识,以及学生的兴趣爱好,考虑他们的情感需要,找出学生们的运动动机和运动兴趣所在,通常我们运动是需要得到满足的,一旦满足就是产生运动的愉悦感,从而激发其运动兴趣。所以说,学生的运动需要是其运动兴趣得以激发与培养

的源泉。

除运动需要外，融洽的师生关系、现有运动技能水平、运动内容的新奇性与适应性、成功体验的获得，都是影响运动兴趣的主要因素。其中，融洽的师生关系可以保证教师引导学生向健康积极的方向上发展。

2. 丰富健身田径运动形式，通过游戏性比赛调动学生运动积极性

最近几年不断提出了很多好的健身锻炼的方式，如健身田径运动、少儿田径运动、自然环境中的田径运动、趣味性的田径运动等，都是从不同角度和方面去让运动更有价值、意义和趣味。

本节中提到的健身田径运动，也都是结合了田径中最基本的走、跑、跳、投掷等各种技能，既是人类本能的运动基础，也是表现基础运动能力的专门技能，如散步、快走、定时跑、定距跑、走跑交替、跳绳、跳跃游戏等，对于参加者来讲负荷适宜、效果全面、条件随意、终身受益。因此，我们可以通过开展丰富的健康田径运动形式，通过游戏性比赛调动学生的锻炼积极性及对所学的知识、技术的综合运用能力。

3. 进行适宜耐久跑，逐步提高学生耐力素质水平

适宜距离、强度、速度的耐久跑会给学生身心带来愉悦和欢快。所以耐久跑应以中等强度、保持适宜的时间、确定适宜的距离为前提，提倡个人根据自己的实际情况，确定练习方式和负荷，以个人自我进步度的评价作为控制练习的依据，避免出现因"比赛"和"达标"等约束条件的影响，被动性地超出个人力所能及的练习负荷，造成运动伤害。

在耐久跑中使学生懂得耐久跑的价值与作用，了解跑的正确方式和节奏，能在跑前、跑后进行自我脉搏测量，懂得健身跑的心率应控制在 120 ~ 150 次 / 分钟为宜。体育教师采纳并且执行也可以根据自己学校的实际情况，做到灵活变动和因地制宜，定会收到不断改善提高的效果。

关于跑的正确方式和节奏，教师应给予学生指导。一是要形成正确的跑姿和跑的方法，养成健身跑的习惯。教师可以通过图片、媒体展示或师生简述与示范，使学生了解并掌握耐久跑正确的动作方式，能够做到动作轻松，步伐均匀，重心平稳。二是要学会呼吸方法和掌握呼吸节奏，这是练习耐久跑的基础要求。13 岁左右的中学生在运动时主要靠提高呼吸频率来增大肺通气量，而呼吸深度增加不多。这与他们胸围较小、呼吸肌力量弱、肺活量小及呼吸调节机能不够完善有关。为此，要在慢跑中有意识教会他们正确的、有节奏的呼吸方法，注意加深呼吸的深度是很有必要的。

只要能做到以上几点，并且教师认真负责的去有针对性的安排指导学生练习，会慢慢地提高不同阶段学生耐力素质的水平，随着年级的不断提高，耐力素质水平会呈明显的上升趋势，这样也为解决学生中后期体能储备不足找到了解决的办法。

二、柔韧素质训练

科学技术快速发展的今天，人类社会无论是在社会科学上，还是在人文科学上都地

得到了前所未有的突飞猛进,这一系列的发展也引起我们的生活发生了改变和得到了提高。科学技术的大进步,使得整个社会的大发展,当然这也大大提高了体育在世界上各个国家的地位,体育的比赛变成了国家与国家的比赛,体育实力更象征了国家的实力。正因为如此,也使得世界各国更为重视体育运动中的核心地位。

众所周知,柔韧素质是提高训练水平的重要因素之一,柔韧素质的提高不但有利于技术动作很好地完成,而且与利于提高动作质量与动作幅度,其表现为:协调性的不断提高、节奏的感强、运动能力的明显增长等。运动员如果不在柔韧性上做大强度,高效率的训练,那么他们在运动技术运动成绩方面将很难得到更大的提高。因此,必须充分重视柔韧素质,并且科学地进行训练。

(一)柔韧素质的理解

体能是以人体三大供能系统为能量代谢活动的基础,通过骨骼肌的做功所表现出来的运动能力。体能是运动员的基本运动能力,是运动员竞技能力的重要构成因素。运动员身体素质的发展受多种因素的影响。

1. 柔韧素质的概念

柔韧性素质是指各关节活动范围的大小及肌肉、肌腱、韧带等组织的伸展能力。在《牵伸训练》书中"柔韧性"一词是指"正常"范围内的运动能力。

2. 柔韧素质的分类

①与静力柔韧相关的关节在不强调速度的条件下进行拉伸时的运动幅度(ROM)有关;因此静力性柔韧是静力性牵伸的结果。②弹性柔韧性,通常跟摆动、弹起、弹回和节律性运动有关。③动力性或功能性柔韧性是指在以正常速度或快速进行身体活动时运用一系列关节的运动能力。④活动性柔韧性是指没有外力辅助的条件下,由肌肉主动运动时的活动范围。

(二)目前国内对"柔韧素质"研究的文献分析

笔者通过查阅《中国期刊全文数据库》《贵州师范大学图书馆》《贵州数字图书馆》以及大量与柔韧素质相关的文献,发现当前涉及"柔韧素质"的相关文献多数涉及的体育运动中柔韧素质的重要作用及地位和体育运动训练中柔韧性的训练方法和手段等领域,关于体育运动中柔韧素质的具体可实施性的对策和建议的文献相对较少。从笔者掌握的文献来看,当前对体育运动中柔韧素质的探讨和研究基本集中在以下几个领域:

1. 柔韧素质在体育运动中的重要作用及地位

赵余骏,许寿生,李燕在《PNF训练对少儿艺术体操练习者柔韧素质的影响》中提到通过对实验组和对照组两组实验结果数据的对比分析和对每名练习者自身的两次数据进行对比分析,得出少儿艺术体操训练者通过系统的训练,PNF训练和传统柔韧素质训练都能使练习者的柔韧素质得到相应的提高。少儿艺术体操练习者柔韧素质训练采用

PNF 训练法,相比较传统柔韧素质训练的负荷强度而言,相对较小的负重负荷,可以使柔韧素质得到显著性提高。拉伸法不仅仅在提高肌肉的柔软性方面有很大的作用,而且也能够很明显提高肌肉发力的柔韧性,可以作为训练的柔韧训练一种很好的方法。静力性拉伸法可以的提升柔软性,但对于肌肉的柔韧性的提升方面却并不是很理想。刚开始柔韧训练可以采用 PNF 拉伸法和静力性拉伸法进行练习;训练到一定阶段后,可以用 PNF 拉伸法进行训练,这样了以便于适应各个阶段的训练需求。

蔡广浩,熊凡在《静力拉伸和动力拉伸对提高柔韧素质的研究综述》中表示,在人们的意识中虽然体现出了静力性拉伸优于动力性拉伸的想法,但是相关方面的研究仍显不足,所以在理论上的支持仍需实验数据的支撑。从搜集的资料上来看,大部分研究都集中在练习手段的开发上,专门针对动力和静力练习效果的研究较少。并且由于人们对于柔韧素质训练普遍认识程度不够,对训练方法的区分和操作不熟悉,很容易在训练和健身过程中造成运动损伤,影响运动成绩和训练热情。

孙红在《论柔韧素质在跳高运动员身体素质中的重要地位》中指出身体素质是人体器官、系统机能在肌肉工作中的反映。它是身体发展,体质增强的主要内容,也是一个人健康水平的重要标志。身体素质是从事各项体育运动的基础,是取得优异运动成绩的根本保证。发展和提高身体素质是体育教学训练中的重要任升务,是提高运动员运动水平和运动技术的根本保障。运动能力的掌握和提高,良好的身体素质是关键的支柱。因此,身体素质的发展状况对掌握、巩固和提高技能技术、顺利完成教学和训练任务来说是极其重要的。因此,我认为柔韧素质在其中起到一个主要作用。

以上三者都对柔韧素质的重要作用及地位从多个角度进行了系统而全面的分析和研究,并都较为准确的指出了柔韧素质在体育运动教学和训练中的重要作用和地位,并开展了高深度、多视角的读解。

2. 体育运动中柔韧素质的技术教学及运动训练方法方式

陈志刚,董江在《青少年短跑运动员的柔韧素质训练探析》中指出青少年田径短跑运动员广泛存在着柔韧素质比较差,导致了他们在协调性上也较差,在技术动作上的缺点是动作幅度小而生硬,这种情况使他们在运动技术上的提升和训练成绩的增长上也受到了很大的影响。青少年在这个阶段正是生长发育旺盛的时候,年龄的增加会带动身体状态、机能等方面发生很大的变化,因此在青少年时期如果我们能够对于运动员制定一系列有计划、有目的性的柔韧素质训练,这将会使他们很快地掌握短跑技术、技能,并且不断提升运动的水平。柔韧素质练习的基本方法与手段有以下几个方面:一、静力拉伸练习法。将平缓的动作保持在静止不动的状态,从而使肌肉、韧带等软组织拉长到一定程度,在这个拉伸过程中,肌肉、韧带能够获得较长时间的刺激,这是这个方法的一个重要的特征。二、动力拉伸练习法。自主拉力运动法是一种屡次重复相同动作的有规律的、相对较快的运动方法。在短跑训练中这种练习方法有个主要特征,就是肌肉强度改变的最大值在自主拉力的时候大概比静力拉伸大两倍。三、柔韧性练习常用的方法柔韧性素质练习一般通过以下常用方法，包括：第一，正弓步压腿，这是是为了提高腿部后侧肌肉的柔韧性；第二，侧弓步压腿，是为了提高腿部内侧肌肉的柔韧性；第三，后压腿，练习的目的是为了增加腿部前侧肌肉的柔韧性。在我们的研究中发现，一些运动员往往会忽略了其他素质的训练，为了提升成绩只是在速度和力量上进行练习，这种情况也会造成他们的成绩提升受到负面影响，而事实是柔韧素质的好坏程度决定了其他素质的发展，各素质的发挥和利用也受它影响，它是联系各素质间的一种良好的媒介。

郭书华在《柔韧素质锻炼方法》中指出柔韧素质是很多的体育运动项目必须具备的重要体能之一。针对小学生的柔韧素质的提升，采取了一系列方法策略，并收到了很好好的反馈。其方法策略的训练方法：一、吻靴。目的：低弓步压腿，重点训练膝关节的柔韧性。动作方法：训练者一条腿屈膝成半蹲状态，另一腿向前伸直成弓步，脚跟着地，勾脚尖；身体前屈两手抓住前伸的脚尖；两臂屈肘用力向后拉，上体屈髋前俯，头以及下颌尽力去碰触脚尖。控住几秒后上身缓缓抬起，间歇一会儿后做换腿重复练习。二、双人拉锯练习。目的：用于提高学生腰背部、腿部后侧和膝关节韧带。动作练习方法：两人一组对面坐地上，脚脚相对，腿伸直，上体前屈，手相扣前后拉动。三、扶腿压前屈。目的：提高腰部、腿部柔韧性。动作方法：一人仰卧，两腿并拢，两腿做体前屈，一人扶其腿下压。四、脚迈过"圈"。目的：提升身体柔韧性，增进腰腹肌肉力量。动作方法：训练人者站立两手相握放体前。身体前屈，左右脚依次从两手臂和躯干成的圈内迈出。当脚都迈出后，两手不松，身体保持正直，两手由臀后侧朝上提起，双手相扣放于身体后面。五、"马咬尾"伸展练习。目的：训练腰腹部肌肉的柔韧性。动作方法：训练者膝跪于地手撑地，向左扭转脊柱，尽力从肩部看到左侧臀部，左侧臀部可向前轻微移动。几次后，脊柱换方向扭转。六、钻膝拉手。目的：提高身体柔韧性，拉长肩背部肌肉和韧带。动作方法：训练者站立，双腿膝部外开，腿部成"O"型，身体前屈，手臂从腿部内侧穿进，穿过膝关节后，再屈双肘，臂小腿前，双手放在脚踝前相扣。七、跨绳比赛。目的：提升身体柔韧性。动作方法：两手握绳于身体前面，两腿从绳上跳过，再跳回来。

张建，史东林，周博，李光军在《三种拉伸方法对于提高艺术体操运动员柔韧素质的实效对比研究》中的研究结果表示：（1）PNF拉伸方法能够有效地提高艺术体操运动员肩关节、髋关节柔韧素质水平。与动态拉伸方法和静态拉伸方法相比，PNF拉伸方法除了在柔韧素质水平的提高方面成果显著外，柔韧素质的训练成绩还能表现出持续性、渐进性提高的趋势。（2）静态拉伸方法对于柔韧素质的改善效果虽然优于动态拉伸方法，但是在提高柔韧幅度与速度方面均落后于PNF拉伸方法。（3）动态拉伸方法对于柔韧素质能够起到有限的提高，但是保持成绩的能力最差。他们的研究论证指出：（1）证实拉伸训练对改善艺术体操运动员的柔韧素质水平有重要意义。（2）结合前人对柔韧素质的研究果，丰富动态拉伸、静态拉伸与PNF拉伸三种不同拉伸方法之间的对比研究。（3）丰富艺术体操运动员专项柔韧素质训练手段，证实拉伸训练对改善艺术体操运动员肩、髋关节柔韧素质水平的实效研究，为艺术体操运动员专项柔韧素质训练提供理论参考依据。

以上三者都对柔韧素质的技术教学及运动训练方法方式做了研究、分析与探讨，并都提出多种在体育教学与训练中行之有效的练习柔韧素质的方法方式。

综上所述，从目前的研究成果来看，当前研究体能中柔韧素质的文献大多集中在对柔韧素质的作用、重要性以及地位方面和锻炼方法方式等领域，大致分为体育运动中柔韧素质的重要作用及地位和竞技体育运动中柔韧素质的技术教学及运动训练方法方式的分析两个方向，但少有关于柔韧素质在学校体育教学中发展的对策和建议的文献。学校体育教学中柔韧素质的发展具体可实施性的对策和建议是非常有必要的，不仅可以对青少年学生的体质发展起到实质性的作用，并使得学校体育课更加便于开展以及开展得更好，而且可以促进学生体育能力的增长，更加便于去学习其他能力。文章试图通过对柔韧素质在当前学校教学中运用的练习方法的现状进行调查与分析，以期找到更多的具体的更好地在体育教学中发展柔韧素质的可实施性建议。

第三节　灵敏素质和协调能力训练

一、灵敏素质训练

原则是人们依据客观事物运动的内在规律而制定，在实践中必须遵循的法则或标准。运动训练原则是依据运动训练的客观规律确定的组织运动训练所必须遵循的基本准则。灵敏素质的训练也有其自身规律，只有遵循这些规律才能系统、有效地发展运动员的灵敏性。根据运动训练的原则结合灵敏素质的特征，笔者依据多年训练实践认为，灵敏性的训练应遵循三大基本原则。

（一）健康安全与竞技需要原则

1. 健康安全原则

"以人为本"是现代社会的根本要求，社会的发展是为了人的发展，人类社会创造的一切都应是为了人类全面、自由的发展。体育运动当然也不例外。然而，现代社会的高度发展却使人的发展走向歧途，而体育的发展似乎也没能找到自己的真谛，甚至成为摧残人的事情；竞技体育中不断出现的丑闻，无不体现现代体育比赛中体育道德的沦丧和体育真谛的缺失。人类本身在利益至上的社会或比赛中不但没有受到重视，而成为社会和比赛的附属品。这背离了社会发展的根本目的，势必导致人类发展的不良后果。

健康安全是一个人生存的基本权利，是人从事体育活动或其他活动的基础。田麦久教授指出，健康是运动员的基本权利，是运动员保持系统训练的重要基础。运动训练以取得运动成绩和提高竞技能力为主要目的，而现代运动训练理论中恰恰缺失了对运动员健康部分的内容。实践中，教练员提倡"三从一大"的训练模式，从思想上提倡、鼓励"轻伤不下火线",导致运动员的小伤小病更加严重,甚至断送其运动寿命。主流媒体也在舆论上鼓励运动员带伤训练或比赛,甚至把这些行为作为一种精神大加宣扬,让人们觉得只有带伤训练、比赛才是顽强拼搏的表现。这一点国内与国外的差异十分明显。从执教理念上,国外强调运动员的主体地位,对于运动员的伤病,队医会给予充分的评估和建议,而教练员对队医的建议必须予以充分的考虑。有些项目比赛规则规定,运动员不得带伤参加比赛,如美国男子篮球职业联赛规定运动员身上流血时必须进行止血,否则不能参加比赛。而国内强调教练员的主导性,队医的作用仅仅是对运动员的伤病进行简单康复或辅助训练工作,对于运动员能否上场的决定权很小。在训练实践中,国外运动员的自我保护能力较强,训练或比赛中如有伤病,运动员会根据医生的建议配合队医进行治疗,并及时和教练员沟通以便调整训练计划,确保伤病尽快治愈,更快地投入到训练和比赛中。国内提倡运动员带伤训练,导致运动员轻伤变重或变成慢性伤病,最终影响其运动训练。

安全保障是确保运动员免受伤害的关键。在运动训练或比赛过程中,尽量保证运动员的安全,避免伤害事故的发生。灵敏素质练习对运动员的身体有较高的要求,所以,灵敏性练习一般安排在训练课的前半部分。灵敏性练习前,教练员需调动运动员的积极性、激发运动员的训练动机,在其体力充沛、注意力集中、精神饱满的状态下进行练习,以获得最佳训练效果。另外,应变换练习手段,根据不同阶段或练习重点安排不同的灵敏素质练习手段。例如,沙滩排球运动员在徒手练习时需注意变换动作和改变方向,再结合球进行训练,这样既可以提高其判断能力,也可以根据需要对预判、变向和变换动作的能力进行练习。准备期可以重点发展一般灵敏素质或对 3 类灵敏素质分别进行训练,逐步提高。比赛期则以专项灵敏素质训练为主。

灵敏性训练也应从运动员的健康状况出发。因为灵敏素质训练是高强度的练习,危险系数较高,与一般的康复性训练有很大不同,运动员在身体状况不好或有伤病的情况下不应参与灵敏性训练。运动员进行灵敏素质练习或测试时,需确保其处在安全的训练环境中。首先,保证训练或测试地面与比赛地面要求一致,包括合适的服装和鞋子。若在硬地上测试要保证地面防滑,运动员应穿着相应的训练服装和防滑的鞋子。其次,有充分的练习空间,确保运动员安全地完成练习或测试。最后,进行灵敏性练习或测试时,运动员应保持注意力集中和良好的状态,防止疲劳的发生。

2. 竞技需要原则

竞技需要原则是由项目特征所决定,教练员应时刻考虑灵敏性训练要满足项目需要,不同项目对灵敏素质的要求不同。简单地将灵敏素质分为一般灵敏性和专项灵敏性不是目的,对专项灵敏性进行深入分析,进而得出专项灵敏素质的练习方法才是关键,使其从能量消耗特征、项目的技术特征和力学特征等方面贴近项目。1988 年,苏联训练学专家指出:机体对刺激的适应具有较强的专一性,长期缺乏针对性的训练,无法使机体适应专项的要求,结果必然导致运动成绩的下降。根据竞技需要选择灵敏素质练习方法的依据有供能特点、动作形式和移动的速度等，以便使训练效应更好地转移到专项竞技能力中。如果一个项目需要大量的侧向移动，那么练习中应体现这一需求。例如，沙滩排球训练应根据项目的预判特点、变向特点和动作特点分别进行，达到自动化的程度，这样才能确保灵敏性训练贴近比赛。

（二）适宜负荷与区别对待原则

1. 适宜负荷原则

训练效应的生理基础是人体对刺激的适应，而负荷就是这种刺激。也就是说，任何训练效应的获得必须通过对运动员施加负荷才能实现。必须明确的是，人体的适应能力并不是无限的，在训练过程中当人体的适应能力正向发展时，常伴随运动成绩的提高；而当人体难以适应持续的负荷时，常伴随运动成绩的下降。所以，对负荷的控制已成为运动训练学研究的焦点，灵敏素质的训练同样存在运动负荷的问题。

灵敏素质是以磷酸原系统供能为主的素质，练习时强度较大，易产生疲劳，所以，每个练习后应有足够的休息时间，以保证机体磷酸原的基本恢复。运动生理学研究表明，每千克肌肉中含 15～25 mg 分子 ATP—CP，该系统的供能时间一般不超过 8 s，而 ATP—CP 恢复一半的时间大约是 30 s，完全恢复所用的时间大约是 3～4 min。所以，在进行灵敏素质训练时，一般练习时间不应超过 10 s，以充分发展灵敏素质供能系统的能力。2 个练习之间的休息应超过 30 s，一般为 30～50 s；组间间歇应稍长一些，一般为 3～4 min，以保证 ATP—CP 含量的恢复。为了使运动员较长时间保持良好的灵敏性，应适当提高运动员的糖酵解供能能力和有氧代谢能力。研究表明，运动员尽力保持速度进行灵敏素质的练习仅能维持 7 s，一般而言，敏捷性、加速度和快速脚步的练习时间应保持在 3～5 s，灵敏性的纯练习总时间一般不超过 4 min。

运动负荷主要强调运动量、运动强度及间歇时间。进行灵敏素质训练时，对强度的控制，教练员可以通过运动员完成练习所用时间（一般情况下如果练习的速度降低 10% 以上，应停止灵敏性练习，说明疲劳开始发生，并且功率下降）和监控运动员心率来间接评价。有经验的教练员还可以通过观察获得重要信息，如当运动员动作技能下降，特别是制动时动作不稳、制动能力下降时，应考虑延长间歇时间或停止灵敏性训练。

2. 区别对待原则

区别对待原则是指在运动训练过程中，根据运动员的特点、训练水平，因人而异地制订训练计划和安排训练负荷。进行灵敏素质训练时也应考虑区别对待的原则，因人、因时、因项、因地制宜地进行练习，才能获得良好的训练效果。

灵敏素质训练中区别对待原则的执行需做到如下几点。首先，根据运动员的特点进行灵敏性练习，不同训练水平的运动员，应采用不同的练习方法和负荷。如有些运动员灵敏性表现不好，可能是由于预判不足，抑或是移动变向能力或变换动作的能力不足，练习时应根据运动员的不同情况分别进行训练。其次，不同项目运动员灵敏素质的要求不同，这已在竞技需要原则中进行了阐述，在此不再赘述。再次，处在不同训练阶段的运动员应安排不同的灵敏素质训练内容。开始阶段应注重基本脚步或身体控制能力的练习，如冲刺跑、后退跑、侧滑步和起动、制动、变向等基本移动能力和控制能力，为后继的灵敏性训练打下基础。如果运动员能很好地控制平衡和身体重心，并能快速移动，将会增大其获得成功的概率。随后可进行一些与专项相关的灵敏素质的移动步法练习，若是需要器械的项目，还可结合器械进行移动变向和变换动作的练习。当达到一定程度后，可以结合专项运动场景进行必要的预判和快速反应练习，并使之达到自动化的程度。

（三）全面发展与敏感期优先原则

1. 全面发展原则

全面发展是指在灵敏素质训练过程中，应全面提高运动员的观察判断能力、变换动作和改变方向的能力及身体控制能力。观察判断能力、变换动作和改变方向能力是灵敏素质不可分割的三种属性，将灵敏素质进行分类，并单独对某一属性进行研究，是为了更深入地探讨该属性的特点，因为不同能力具有不同的表现形式。但决不能因此而忽视了灵敏素质的完整性，只有将这三种能力统一起来进行多维度的考察，才能更加准确、完整地把握灵敏素质的真意。在运动情景中任何一方面的能力存在不足，都会影响运动员灵敏性的整体表现。

观察判断能力的培养。结合运动实践提高运动员的观察能力，通过更加广阔的视觉追踪策略，获取更多的有效信息，巩固视觉搜寻的结构模式，加强对细微动作的辨别能力，形成运动记忆加以存储，以提高判断的准确性和速度。研究表明，视觉注意力可以不经过眼动而得到加强，并且控制视觉搜索的任务和结构似乎可以储存在记忆里，"双眼紧盯着球"的模式似乎不是处于最佳竞技状态的运动员喜欢的模式。大量研究表明：观察判断能力的训练可以有效地提高运动员的意识和决策能力。

变换动作能力的培养。全面发展运动员的技术动作（专项技术和非专项技术）。实践表明，学习掌握的技术动作越多、越熟练，建立的暂时性神经联系就越多，不仅表现出学习新动作技术快，更表现出技术运用灵活且富有创造性的特点。

改变方向能力的培养。全面学习多种移动步法，起动、制动、变向身体姿势与重心的控制，起初可以学习一些简单的闭链式移动动作，然后增加一些简单的刺激，并逐渐增加难度，包括刺激的难度和动作、方向的难度，有效提高运动员的变向能力。

灵敏素质由上述三部分构成，但并不是上述内容的简单相加。如果发现一种练习方法运动员练习起来较困难，应重点练习而不是将其调整为已熟练的练习动作。

2. 敏感期优先原则

身体素质的发展过程不仅是一个持续稳定的变化过程，而且存在着增长速度特别快的过程或阶段，人们习惯将这一过程或阶段称为身体素质发展的敏感期。判定标准为年增长平均值加一个标准差作为临界值，增长速度大于或等于临界值的年份为该素质的敏感期。一般素质敏感期都有两个：迅速发展期和较快发展期。抓住敏感期进行针对性的训练能提高训练的有效性，达到事半功倍的效果。

研究指出，灵敏性发展的敏感期在 7～12 岁，苏联相关研究指出，7～10 岁灵巧性高度发展。7～12 岁反应速度提高幅度最大，6～12 岁是培养节奏感的好时机，7～11 岁是发展空间定向能力的最佳时机，动作速度 4～17 岁发展最快，女子 9～12 岁，男子 9～14 岁是发展平衡能力的最佳时期。这些都与灵敏性有关，这些能力的提高会对灵敏性的提高带来帮助。

运动训练过程中强调灵敏素质敏感期训练，但绝不是强调灵敏性的训练只有在灵敏性发展敏感期才进行。国内不少教练员认为，灵敏性应在青少年阶段进行训练，成年后就没有时间练习这些内容。相反，灵敏性在成年阶段应该受到重视。国外研究指出，对灵敏性的训练应该贯穿运动员训练的整个过程，因为神经适应过程可以通过长时间的不断重复得到发展。另外，与灵敏有关的很多素质，如速度、力量、功率、柔韧、平衡等均可以通过科学系统的训练得到提高。

灵敏素质的训练要符合运动训练的基本规律，但灵敏素质自身的特点决定了其训练规律具有特殊性。根据灵敏素质的特点和运动训练的规律将灵敏素质的训练原则归结为：健康安全与竞技需要原则；适宜负荷与区别对待的原则；全面发展与敏感期优先原则。

二、协调能力训练

在人体综合性的运动素质中，其中最重要的一项就是人体的协调能力，人体协调能力的强弱决定着一个人运动素质的高低，通过培养人体的协调素质来提高身体的协调性，可以提高人体体能、人体技能及人的心理能力，以便达到更好的训练目的和效果。目前，可以通过对人体运动各个方面的分析来提高人体的协调性，通过分析制定出提升运动人员身体协调性合理、科学的训练方案。

（一）分析人体运动协调能力的特征

运动协调能力是指运动员的机体各部分活动在时间和空间里相互配合，合理有效地完成动作的能力。《运动训练学》中指出"运动素质是人体体能的重要组成部分，是机体在活动时所表现出来的各种基本运动能力，包括力量、耐力、速度、柔韧和灵敏等。它们之间都有各自相对独立的作用，又有着密切联系，彼此制约、相互影响，其中每一个因素的水平，都会影响着体能整体的水平"这一观点。肌肉的活动要通过运动来实现，运动中的战术、技术及运动素质等都要通过肌肉活动来表现，所以力量素质是运动的基础。

在每日的基本训练中，运动者在剧烈的肌肉训练时，通过神经活动也可以调节和控制肌肉活动。我们从外观来看，力量训练是通过肌肉的活动来实现的，但从实际角度出发，在生理学方面来看，身体协调性是人的神经系统在起作用，神经系统接受感受器时由于外部环境或者自身体内的刺激时通过身体内的神经系统传播到大脑皮质区域,从而调节肌肉的张弛与伸缩活动。运动协调能力本身是一种重要的智力,在运动中对神经系统的刺激,对大脑的发育是有着积极重要意义的,通过练习掌握运动技能,细化肌肉协调的能力,它反映的是一种精细的感觉,同时反映出的也是一种对外部刺激的分析和综合能力。

(二)分析人体运动协调能力的主要制约因素

1. 遗传因素

运动能力的各种组成性状是由遗传因素和环境因素共同决定的。一般来说,不明原因性协调能力差,绝大部分都是由遗传因素导致的,遗传因素决定了运动者运动能力起点的高低,遗传因素与人体协调能力有着紧密的联系。人的身体在运动过程中,身体能够完成非常复杂的运动技术动作,这与人的神经系统中的功能水平存在着较为密切的联系,所以说人体协调能力与神经系统中的功能水平关系极大,人体的神经系统功能是先天形成的,它很难被外界或者自身体内的因素所影响,所以说神经系统的功能是不易受到后天的改变,先天的遗传原因制约着人体协调能力的发展水平。

2. 大脑皮质下中枢神经系统

所谓"闻道有先后",运动技能有些人做起来相对简单,有些人相对难,就像很多人的身体运动协调能力都是先天发育决定的,但是仍然有不少的人经过后天不懈努力的运动训练,提升了自己的身体协调能力。在人体的运动机体内,要想完成较为复杂的运动技术动作,仅仅依靠大脑的皮质或者神经系统的调节是不完整也不准确的,这还要取决于皮质运动区域内的抑制与兴奋过程灵活的转换支配身体机能来完成,只有这样才能完成高难度而又复杂的运动技术动作。如果人体的传导机能和反射机能出现障碍,人体的协调能力就会受到制约。

3. 感官系统机能

感官是指能够感受外界事物刺激的器官,它包括眼、耳、鼻、舌、身等。人身体的各部分都存在有感受器,它们在受到外部环境或者自己身体内的刺激时会通过身体内的神经系统传播到大脑皮质区域,经过大脑皮质区域的综合分析,找到解决方案从而调节身体的机能。人在运动时,感受器也开始了它的工作,时刻准备着接受身体发出的信号,他们之间有很复杂而又微妙的关系,感受器作为神经系统调节的各个效应器官,为了使身体能够更好地运动提供了桥梁,身体能够更有效、正确地完成运动技术动作。感官系统具有很好的灵活性,它们能够为人体的肌肉和肝脏器官提供最为重要的支撑。

4. 运动技能的储存数量

一个人如果有丰富的运动技能储备,并且拥有高水平的运动技能,就能够轻松地建立起新的条件反射,也能够更快地接受并且掌握更高难度而又复杂的运动技术动作,与此同时,其身体协调能力也能够很好地得到提升。大脑皮质支配着人体的肌肉活动,也可以这样说，大脑皮质支配着人体的各项运动。人们对身体素质的理解就是人体肌肉活动的能力，一个人的速度、耐力、力量、灵敏与柔韧性都比较好就说这个人身体素质好，也可以说运动素质好。随着运动素质的发展，人体机能的能力也在不断地增强和扩大。随着运动技术水平的提高，也说明我国的运动机能有很大的提升和创新，并且技术掌握的熟练程度也大步提升。人体的运动技能之所以能够改进、发展和提高，这都归功于大脑皮质活动的反应，这基于大脑神经在运动条件反射时做出的建立、巩固和分化。

人体运动技能的形成归功于条件反射的建立。运动技能的储存数量越多，越能顺利地建立新的条件反射，掌握新的运动技术动作，人体从而表现出较为良好的运动协调能力，反之，运动技能储蓄数量不足，人体就会表现出较差的运动协调能力。

5. 其他运动素质的发展水平

人体协调能力还受其他运动素质发展水平的影响，其他运动素质包括柔韧性、灵敏性、力量、耐力、速度、身体平衡力、技术动作纯熟度等。例如柔韧性，它是指人体关节活动范围的大小以及跨过关节的韧带、肌腱、肌肉及其他组织的弹性和伸展性，发展柔韧性素质，身体柔韧性不好的运动人员，关节活动范围较小，跨过关节的相关组织的弹性和伸展性较差，他的柔韧性就制约着身体协调性的发挥。灵敏性，它是指在人体突然运动的条件下，准确、敏捷而又快速地完成技术动作的能力，它是一种运动技能综合性表现的运动素质，灵敏性较差的人，运动反应较慢，身体协调性较差，但是通过转身突然跑、倒退跳远、躲闪跑、快速启动、急停练习等灵敏素质的练习能够有效地提高人体的协调能力。平衡能力分为两种，一种是静态平衡，如坐位、站立位等在一定范围时间内对身体姿势平衡的维持；另一种是动态平衡，如走、跑、跳等运动中的身体维持，平衡能力不足会导致运动发展迟缓，从而影响人体的运动协调能力。

（三）人体运动协调性训练法

不习惯运动技术动作的各种身体练习，反向完成动作，如右手换左手实践。改变已习惯技术动作的速度和节奏，如做多组小跑、慢走、变换跑的练习等。还可以通过玩游戏的方式完成复杂的运动技术动作，如穿插一些技术动作的慢动作练习。创造性改变完成动作方式练习，可以采用不习惯组合的动作，使用已经掌握的技术动作做一些更加复杂化组合训练。改变技术动作的空间范围，适时用信号或有条件刺激使得运动人员做改变动作各种方式的练习。循环训练法，根据训练的具体任务，建立多组练习站、练习点的训练，运动人员应当按照规定的顺序、路线，依次循环完成每站所规定的练习内容和要求的具体训练方法。

一个人的协调能力愈基层，协调性训练法的使用频率愈要高，但是，如果是一米八以上的人，技术动作仍不协调，协调性训练频率也要高。在准备时期，每周的训练频率为二至三次较为合理，动作项目至少十项，每项动作的练习次数至少三次以上才能达到锻炼身体协调能力的效果，在做训练前必须要深刻了解自己的身体情况是在哪些方面不协调的,要针对自己身体不协调的方面,适时了解和掌握训练方法并学习相关理论知识,进行科学合理的锻炼。杜绝盲目的训练,否则,不但没有锻炼效果反而会伤害到自己的身体,因为每种训练方法所适合的协调感是不同的。在进行协调能力训练的同时也需要发展其他运动素质,从而更有效地改善身体的协调能力。

关于一个人运动协调能力的强弱,与人体的竞技能力有着密不可分的关系,协调并不是单一的力量、速度、柔韧性等运动素质的表现,而是这几种因素的综合表现,并且,一个人拥有高度发达的感觉器官和神经系统,能够协调复杂的机能活动和适应多变运动环境。研究表明,制约人们身体协调能力的因素主要有以下几种:一是遗传的原因,二是大脑皮质下中枢神经系统的支配机能,三是人体感官系统机能的灵敏性,四是运动技能的储存数量,五是其他运动素质的发展水平等。

体育运动的目的是通过运动来进行人体运动素质的训练,身体协调是体育运动的灵魂,只有身体协调了,人体的肌肉才能依赖大脑神经系统的支配发挥其作用。一个人运动协调能力的提升和发展能够大大提升身体的锻炼效果,能够纠正错误的运动技术动作,还能够提升各个技术动作之间的协调性,并且在提升心理素质方面也有非常可观的效果,还能够附带着表现力、注意力、观察力以及自信心等个人能力的提高,从而在运动比赛过程中发挥更好的作用和效果。

第五章　体育与文化

体育运动是人类创造的一种文化活动，是构成现代人生活方式的一种表现，体现着人类在推动社会发展过程中的文明进步程度，具备着文化的特征，是人类文化的一个组成部分。人们在关注体育生物属性的同时，也要重视体育的文化属性。通过学习了解掌握体育文化的基本内涵、体育与文化的关系、中西方不同文化背景下的体育文化特征，以及奥林匹克运动的渊源及文化内涵，对于提高体育素养、提升人文精神、积累文化底蕴等，将起到积极的促进作用。

第一节　文化与体育文化

人类在长期的社会生活过程中，往往简单地把体育看作是一项身体技能活动，往往忽视了从文化层面来透视体育的文化属性。然而，体育从产生之日起，就与文化有着千丝万缕的联系，随着人类文明的进步与发展，体育与文化便愈加紧密而不可分。体育运动能够深刻地影响到人类的精神世界、审美意识、价值观念、创造能力以及生活方式等各个方面，是人类社会中的一种特殊文化现象，体现着人类在推动社会发展过程中的文明进步程度。

一、文化的含义及特征

在中国古汉语中，文化是"文"和"化"的复合词。"文"的本义指各色交错的纹理，后引申为包括语言文字在内的各种象征符号，进而具体化为文物典籍、礼乐制度，导出"修饰""修养""人为加工"等含义，以及美、善、德行之义。"化"的本意为发生、变化、造化。如《周易·贲卦·象传》中说："观乎天文，以察时变；观乎人文，以化为天下。""天文"指自然之文，"人文"指典籍礼俗。通过日月天象自然变化规律，凭借诗书礼乐教化世人治平天下。"文化"作为一个专有名词最早见于汉代刘向的《说苑·指武》："圣人之治天下也，先文德而后武力。凡武之兴，为不服也，文化不改，然后加诛"，显示出了文治教化的本意，基本上代表了中国古代关于文化的概念。而现代汉语中的"文化"是一个外来语，是20世纪初由欧洲经日本传入中国。

在西方，"文化"源于拉丁文 culture，早期指种植、耕耘、农作，通常用于耕耘土地和农业劳动。后来逐渐被赋予了教育、培养的意义，出现了"工艺的改进"和"精神耕耘"等提法，从此便有了耕耘土地和耕耘智慧的两种含义。文艺复兴以后，人们将农业、手工业、商业、教育等活动都归入了文化范畴，认为凡是与自然状态、天然状态相对立的都属于文化现象。19 世纪以来,文化作为人类生活独有的现象,受到普遍重视,社会学、历史学、教育学、人类学、心理学等学科都提出了各自的文化概念。英国文化人类学家泰勒将文化科学的概念首先引入了英语世界,之后,文化学研究迅速在欧美国家发展起来。泰勒提出:文化,是一个复合的总体,它包括知识、信仰、艺术、道德、法律、风俗以及人类在社会里所得到的一切的能力和习惯。

事实上,随着历史的发展,"文化"在不同时期的含义也有所变化。因此,时至今日人们对于文化的概念仍众说纷纭,尚未达成共识。不仅如此,文化还一直是众多学科探究、争鸣的对象,许多学者从不同角度提出更多关于对文化的理解与认识。诸如:"文化是人类在社会历史实践中所创造的物质财富和精神财富的总和。";"文化是社会和人在历史上一定的发展水平,它表现为人们进行生活和活动的种种类型与形式,以及人们所创造的物质与精神财富。";"文化是用来表明一定的历史时期、社会经济形态、具体社会氏族的物质与精神发展水平(如古代文化、社会主义文化、玛雅文化),以及专门的活动或生活领域(如劳动文化、艺术文化、生活文化)。";"文化不是可见的行为,而是人们用以解释经验和导致行为并为行为所反映的价值观和信仰。";"文化是人类为了生存要求和生活需要所产生的一切生活方式的综合。";"文化指社会的意识形态以及与之相适应的制度和组织机构。";"文化的结构有物质文化与精神文化两分说,有物质、制度、精神三层次说,物质、制度、风俗习惯、思想价值四层次说,有社会关系、精神、艺术、语言符号、风俗习惯多因素说等。"

虽然,众多学者对于文化的解释和理解有许多不同之处,但是也可以概括出一些关于文化的基本特征:(1)文化具有历史承继性。文化是社会性传承的结果,其传承的基本方式是"耳濡目染",通常表现为社会成员通过观察模仿或在其他成员指导下的后天习得。(2)文化具有社会群体性。任何文化都不能脱离社会而存在,并且文化为一定社会群体所共有。某一个体后天习得和创造的思想、观念等,只有在被他人所接受后,才能称之为文化。当然,文化的社会群体性是有不同层次和范围的,有的文化因素属于全人类,有的仅属于某个民族或地区。属于全人类的文化因素具有人类性或世界性的特征,属于某个民族或地区的文化因素具有民族性和民俗性的特征。(3)复合性。文化的要素和成分尽管是多种多样,然而文化却不是简单、孤立的诸要素和成分杂乱无章的叠加。相反,各要素和成分之间是相互整合而统一的。文化就是诸多要素和成分在杂乱的纵横交错的关系中所产生的综合统一体,这种统一性常常通过共同的价值系统和行为模式表现出来。具体理解文化的广义含义,它除了以教育、科学、艺术等为重要组成部分之外,还包括体现在人们物质生活和人们社会关系中的饮食文化、服饰文化、居住文化、婚俗文化、信仰文化、游艺文化、体育文化等。因此,文化往往与众多领域复合,是复杂的整合体。(4)文化是普遍存在的具体性东西。文化是一种人类活动,是人类所取得的一切成果的结晶。有了人类就有了历史,有了历史就有了文化。每一个社会、国家、民族,人们都生活在一定的文化系统中。这种文化系统还具有一定的规则性,能依靠法律、制度、习俗、思维方式、价值系统等来引导或约束社会成员的个体行为,使他们的情感、思想与行为都纳入群体的价值目标和轨道。

二、体育与文化的关系

体育是以身体运动为基本手段促进身心发展的文化活动。体育在本质上属于文化的范畴,是文化的组成部分。同时,体育自身也在创造一种健康文化,是人类对自身身体与精神有目的、有意识地培育活动,是一种对人类自身的"人化"过程。然而,在人类的文化发展史上,有相当长一段时间把体育排斥在文化之外,甚至还把体育与文化对立起来,认为体育没有文化价值。事实上,体育与文化的关系是极其密切的,这可以从以下几个方面得到印证:首先,体育具有文化的功能。文化具有享受和发展功能、社会化功能、控制功能等。参与体育运动过程,可以使人们从中体验精神享受,体验奋斗和进取过程中的精神力量,感受因超越自我而拥有的进步与成功。体育运动可以把人类社会活动中的团结、合作、竞争、交流与交往等形式体现得淋漓尽致。体育运动还可以培养人们遵守规则与纪律的规范意识,提高体育道德水平。

其次,体育体现了文化的继承性与民族性。我国体育具有悠久历史,各种养生导引术、武术技击和民间游戏等经历了几千年的承袭和发展,成为当今世界体育文化中的瑰宝。以奥林匹克为代表的欧洲竞技体育,在古代延续了一千多年,因战争被迫中断后,现代奥运会又重新恢复一百余年。这也充分说明,凡是进步的文化,总会得到历史的承认并被人们继承与发展下去。同时,文化具有民族性,而体育运动的民族性也非常显著。如蒙古族的那达慕、侗族的抢花炮、傣族的泼水节、朝鲜族的荡秋千等,全世界两千多个民族展现出了丰富多彩的民族体育形式。体育的民族性折射出了民族的语言、心理、性格,以及在此基础上形成的文化模式。

再次,体育显示了文化的时代性与世界性。文化具有时代性,能够反映出时代特点。体育的时代性特征十分鲜明,如早期的祭祀体育,战争时期的军国民体育,现代的休闲体育等。同样,文化也具有世界性,一方面文化财富为全人类所共有,另一方面文化可以交流和传播到世界各地。体育运动是一种最便于交流的"国际语言",在世界范围内的交流极少障碍,具有极其便利的条件,这就是构成体育运动国际性的一个重要原因。

总之,体育是人类所创造的文化形式之一,是构成人们生活方式的一种表现形式。尽管体育具有自身变化规律和相对独立范畴,但仍然能够反映出入类文化的缩影。它的发生发展受到整个人类文化中各种因素的制约,诸如:教育、军事、政治、经济、卫生、宗教、外交、法律、伦理、审美等方面都不同程度地影响着体育的发展。同样,体育运动不仅是人类机体得以充分发展的必要条件和促进心理健康的重要手段,而且也是促进社会发展的积极因素。体育运动影响着人们的精神世界、价值观念、生活方式、审美意识和创造能力,在很大程度上与人类的产生、生存和发展有着无法割裂的关系,从某种程度上推进着人类社会的进步与发展。可见,体育与文化有着千丝万缕的联系,体育不仅是为了个体的强身健体，而且也是社会及个体文化生活的需要。体育被看作是一种文化活动，是因为人们通过体育运动而促进身心健康、丰富生活并从中体验人生。当体育运动有助于人的幸福和完善时，便具有了文化的意义。在现代社会发展过程中，体育对于人的全面发展在人格与心理及观念、意识方面的作用更加突出，将体育视为一种社会文化现象，充分显示出了体育与人类生存和发展的密切关系。体育运动是人类创造出来的一种文化活动，体现着人类在推动社会发展过程中的文明进步程度，具备着文化的特征，是人类文化的一个组成部分。因此，我们不仅要关注体育的生物属性，同时也要重视体育的文化属性。

三、体育文化的含义及形态

（一）体育文化的含义

目前人们对于体育文化的概念尚未取得统一性认识。但是，体育发展过程中所产生的观念形态和知识体系，所创造的手段、方法、技术、器械、设施，以及有关的组织、宣传机构等，已经在人类的社会生活中构成了一种独特的文化现象。人们的体育价值观念，运动技能，体育活动的组织管理方法，有关体育报刊、书籍、音像制品的出版发行，广播电视中的体育节目，体育题材的文艺作品，体育奖品、宣传品、纪念品以及体育文物等影响到人们精神生活的一切方面，都可视为体育文化的范畴。著名体育学者卢元镇提出：体育文化是人类体育运动的物质、制度、精神文化的总和，大体包括体育认识、体育情感、体育价值、体育理想、体育道德、体育制度和体育的物质条件等。

体育物质文化：（1）满足体育需要而开发的各种体育器材和场地设施。如北京奥运会的"鸟巢"、"水立方"等场馆，运动员采用的球拍、跑鞋、雪橇、泳衣等产品，无不凝聚着尖端的科技成分和深厚的人文元素。（2）促进人的身心发展而进行的体育活动方式。如田径、球类、体操、游泳、滑雪、击剑等等，已经成为满足人们健身、竞技、休闲和观赏需要的重要方式。相信随着人们需求的丰富和升华，新的活动方式将不断产生。（3）促进体育发展而创造的各种思想物化品。如体育音像制品、体育计算机系统仿真等等。

体育制度文化：（1）在体育运动中人的角色、地位以及各种体育活动的组织形式。根据项目需要以及个人特点，人们在体育运动中充当着各种不同的角色。如裁判、教练、队长、队员、主攻、二传、守门员、前锋等等。各种各样的角色在一定的组织形式制约下共同维持活动的进行。活动的组织形式包括淘汰制、循环制等赛制。（2）促进体育发展而形成的各种组织机构。人类的个体活动和集体活动都离不开组织机构的作用，体育活动中也同样需要各种组织机构。如1881年成立的世界上第一个国际单项体育组织——国际体操联合会；1894年成立的国际奥林匹克委员会。此外，还有各洲体育组织、国家体育组织、省市体育组织、社区体育组织、学校体育组织等等。（3）围绕体育而创造的各种直接影响体育活动的原则、制度。在组织制度文化中，组织机构的原则和制度是至关重要的,它决定着组织的性质、活动方式和发展方向,如体育法、学校体育管理条例、体质健康标准、体育社团管理制度、体育竞赛管理制度等等。

体育精神文化:(1)改造人的精神的理论或观念。体育作为一项促进人的身心和谐发展的活动,需要在多个方面给予科学的支撑,体育学科就是在体育活动的理论需要背景下产生的。如体育心理学揭示体育运动过程中人们的各种心理现象及其规律,体育史学揭示人类体育产生发展的历史过程及规律,引导人们在现实的体育实践中趋利避害。这些学科的研究大多以书面文化的形式来体现,集中反映了该领域中用于指导人们体育活动的思想观念和理论体系。(2)表现体育精神的艺术文化。体育活动的激烈、直观、惊艳和宏大等特点使得它往往成为文艺表现的对象,如小说、影视、歌曲、漫画、图片等。这些蕴涵着人们的情感、审美、意志等文艺作品,归属于体育精神文化的范畴。当人们关注体育艺术作品时,焦点一般集中在对它所表达的思想、精神或情感与审美等深层次的感悟上,而非物质外观本身。体育精神文化的这个层面属于艺术文化的一部分。(3)改造人的主观世界的各种想法和打算。文学和艺术直接指向人们的精神世界,它的实现方式往往贴近人们的悲、欢、喜、愁等心理体验,这些文化属于意识形态领域的文化。体育文化一度并非视作具有改善灵魂的作用,但实际上它改造人们的主观世界的可能性是非常巨大的。如体育道德、体育精神、体育人格、体育理想等心理文化范畴的内容,对于提高人们的情感、态度、价值观有着积极的意义,是体育精神文化的重要部分。

(二)体育文化的形态

校园体育文化:校园体育文化是校园文化中与体育文化有直接或间接关系的部分,它的主要功能在于引导、培养和熏陶学生主动参与体育、理解体育、关注体育。它的形成依赖于学校体育的开展状况,学校体育场馆、设施的建设与配备情况,学校体育竞赛的组织管理情况以及参加的人数及其积极性等状况。校园体育文化是学生体育态度、体育情感、体育价值观以及体育行为方式等多因素组合的结果,是学生群体向心力与凝聚力的一种良好体现。

竞技体育文化:竞技体育文化是以竞赛为特征来显示体力与智力、促进身心协调发展的一项文化活动,其主要特点是:竞争性、规范性、公平性、集群性、公开性、观赏性。竞技体育的文化价值突出体现在:激励人们坚毅、顽强、振奋向上的进取精神;展示公平、公正、民主、团结、协作的道德观念与社会理想;满足人们精神生活的需求、感受生命的力量、获得美的享受;促进交流与交往、展示团队特色和实力;推动人文精神、科技进步、经济发展的进一步提升。

休闲体育文化:休闲体育文化是满足人们身心健康和娱乐需要的文化活动。休闲是一种生活理想,是为了修身养性、愉悦身心、完善自我而自主选择的生活方式,是当今人类文化活动的重要组成部分,也是社会进步的一个标志。休闲体育既不追求高水平的竞赛成绩,也不受限于体育教学的种种规定,甚至也不把健体强身放在首位,而是把体育运动作为一种有意义的活动形式,使自己从中得到休息、放松、陶冶和娱乐。如各类活动性游戏、借助运动项目的娱乐活动、游艺活动、徒步旅行、爬山、钓鱼、放风筝、轮滑、台球、保龄球等等。

民族传统体育文化:民族传统体育是某个民族在劳动实践中所创造的,符合本民族身体活动方式的娱乐活动。民族传统体育文化则是以民族传统体育为载体,体现各民族教育智慧和体育开展与活动能力的总和。它是各民族在长期的历史发展过程中,在各自特殊的自然、地理、经济、文化条件下所产生和形成的,具有历史性、传统性和民族性等特征。在起源方式、活动方法、表现形式、情感取向和审美观念等文化内涵方面具有浓郁的民族文化色彩。如中国的武术、太极拳、舞龙舞狮;日本的柔道、大相扑;印度的瑜伽、卡巴迪;蒙古的马术、摔跤,以及欧洲一些国家的击剑等等。这些项目包含着浓厚的哲学、宗教、习俗以及审美观念等,与生产方式、风俗、道德、艺术、兵法等都有着密切的关系,还体现出了活动过程中的礼仪性和伦理性。

第二节　中西方体育文化的差异

文化传统差异是体育文化差异的根本原因,各民族体育文化的发展特点反过来又使得各民族文化传统间的差异得以继续存在或强化。无论是东方还是西方的传统文化,都有其生成和发展的特殊性。人们在不同地域、历史和文化背景中所产生的思维方式、思想观念也各不相同,从而导致出不同的社会实践方式和行为规范。东西方文化的不同特质,导致了其体育文化的内涵与表现形式也必然存在着差异。

一、中国传统文化及其影响下的中国体育文化

中国传统体育文化深受中国传统文化的影响,我们从中国传统文化入手,来分析中国传统体育文化的基本特征。

(一)道德至上

古代中国注重情感和尊崇道德的观念,在体育运动领域得到了充分的体现。传统的道德观念是在中华民族文化价值观念的影响下形成的,如孔子的"尚仁",墨子的"兼爱"。其积极意义在于规范人们的社会生活行为、平和社会气氛,但是,个体竞争需要却受到了压抑。社会的需要以伦理为主体而进行构建,对道德的追求成为中国人的主体需要,这势必也扼杀了个体的生机。结果是重义轻利的价值观念历代相传,并渗入到人们精神意识的最深处,从而把伦理生活置于物质生活之上,把伦理原则和物质利益对立起来。这种道德至上的价值观反映在体育上,即是崇尚体育的伦理价值而贬低体育的实用价值,这种传统观念一直在中国体育史上绵延不绝,直到今天仍可以在人们的体育观念中找到它的踪迹。

（二）注重和谐

以儒家为主体的中国传统文化，其主旨精神始终是解决个人与集体的关系。在中国古代，由于伦理价值观的作用，使得具体的个人仅表现为一种抽象的存在，并显得毫无意义。人的个性几乎消失在整体性之中，使得人的主体性和能动性受到全面压抑，总是被动地接受某种盲目力量的驱使。而现实社会中人的快乐与痛苦则完全被一种理想的是与非、善与恶的伦理价值判断所代替，这种情况对于体育文化的影响则是巨大的。体育活动的开展必须以"德、仁"等伦理道德标准为前提。

（三）追求稳定

中国农业型社会自给自足的特征，使安居乐业的中华民族不必把走向遥远的外部世界视为谋生的必由之路。封闭的地理环境、生产方式和文化心理特征，使得中华文化缺乏了主动性、创造性和开放性。中国先哲追求的价值目标就是达到某种安稳，在这种观念的影响下，人们不是执着地向外开拓，而是在充满温情的"以和为美"中修身自省。在中庸之道的观念支配下，人们往往表现为安于朴素，知足常乐，由此也限制了人们的开拓能力，淡化了人们的竞争意识。因此，在体育文化的活动表现方式上，中国古代体育运动多以个体的、娱乐性的、技艺性的、表演性的项目为主，如礼射、投壶、棋牌等，而对抗性的、竞争性强的、集体性的身体接触较多的运动项目，则开展较少，也难以流行。

（四）强调意蕴

儒家思想的核心是"礼"，提倡中庸思想，凡事要恰到好处，不能过分。中国体育文化在儒家思想的长期影响下，形成中华民族的体育文化特色。儒家文化强调文化意境，更多地注重艺术性。八卦、太极中的意境强调是对中华民族文化"意境"表现的一种反映，正是这种对本民族文化的反映，使得中国武术蕴涵了博大精深的民族文化特质。也正因为如此，外国运动员在没有了解中国文化之前，很难掌握中国武术的精髓，而只能是机械的套路模仿。中国体育文化注重对身体文化之外的拓展性价值，忽略体育文化的本体，重视的是体育文化中的理性思辨，而忽视实际操作，所以也经常出现所谓的"点到为止"。

二、西方文化及其影响下的西方体育文化

西方文化在影响其体育文化的形成与发展时，主要体现在以下几个方面：

（一）突出个体发展

强调人是万物之灵，从以人为中心的观点出发，主张人可以认识自然，控制自然，征服自然。作为西方文化发源地的希腊社会，是以个性发展、个体生命能力弘扬为主体而进行构建的。于是他们选择了生机勃勃的生活方式，向大自然挑战是希腊人永恒的信念。社会竞技活动在这样的生活方式中，得到了淋漓尽致的发展。这种文化精神与民族性格在西方社会得到了世代传承，即使是中世纪宗教的淫威也没有使其泯灭，西方人保持了

先前富有生气的生活方式，使得竞技运动得到了良好的持续与发展。由于海洋文化的独特影响，西方体育文化中更加突出表现出人的开拓意识和进取精神，注重人的智力和身体能力的积极发展。西方文化中突出个体发展的个人奋斗精神，也充分体现在了他们的体育思维方式、体育思想、体育信念、体育价值观、体育态度和体育情感等各个方面。个人主义是西方体育中的一种主导精神，是一种人生哲学和价值标准，它充分肯定了运动者的个人奋斗和个人价值。例如，西方体育世界的球星文化，将个人英雄主义表现到了极致。

（二）重视宗教地位

西方古代社会本质上是一个宗教社会，在西方社会的历史发展中，宗教起着决定性的作用。宗教对社会、个体具有巨大权威。古希腊宗教特有的神人同形同性特征，与城邦公民相结合，陶冶了人们的人体审美意识和体育意识。古希腊竞技不仅意味着对雄踞奥林匹亚山顶诸神的献祭和取悦，更重要的是，它意味着人在按照高度理想化的自身形象和能力构筑神的形象的同时，又反过来以这些人格化的神为模式来塑造人本身，这种宗教观念意识在人们的心理上积淀的结果，促成了人们从人格意识出发所形成的体育风尚。

（三）强调多元的文化价值观

欧洲历史发展的特点之一就是它的文化来源的多样性，民族划分的多样性和地域上的分散性。无论是古代的罗马帝国、中世纪的神圣罗马帝国，还是拿破仑帝国，都不过是些松散的集合体。文艺复兴以来，民族国家林立，文化各现异彩，政治体制五花八门，同样从西方体育的发展状况也能充分反映出这一特征来。不同文化背景下，不同民族和国家的体育一经产生，在融入西方体育的过程中，并未受到西方体育文化的排斥。人们在选择运用这体育运动时，体现出了鲜明的多元文化特色。不同民族丰富多彩的体育运动形式，汇集到了西方体育文化这一大家庭中，经过融化而成为今天西方体育乃至世界体育的主流。

三、中西方体育文化的差异比较

（一）中西方体育价值观的差异

中国古代文化是追求静态美的文化，而西方传统文化则是动态文化，这决定了中西方体育文化形态和体育价值观的实质性差异。

中国体育坚持天人合一的生命观、强调和谐的运动观，它的一个显著特点就是通过身体锻炼的有形活动来促成精神的升华。其作用体现在养护生命、延年益寿和祛病、防病上。太极拳最能代表中国传统的养生体育，其动作要领讲究松、静结合，强调内部修炼和意念的作用，以"境界"论高低。中国传统体育还被用来作为培养人们遵从礼仪的手段或方式,如射箭、角力等项目就被纳入到了礼的范畴。中国传统体育的规则不是针对该项活动本身而定的公平竞争原则,而更多是从道德修养角度对参加者提出的道德要求,重点不是鼓励取胜而是比谁更符合伦理规范。

作为西方古代体育的典型代表,古希腊体育强调的是身体美与精神美的和谐统一,更注重人体的"力"与"美"。他们心目中的高手并不是看不见摸不着的某种内在的人格,而是血统好、发育好、比例匀称、身手矫健并擅长各种运动的人。注重把体育的价值指向对人体的塑造和培养,如早期的比赛以裸体形式进行,以展示人体外型的强壮和肌肉的健美。希腊人对人体的重视乃至崇拜也影响到了教育、艺术等各个方面的发展。

公平竞争是近代西方社会生活的普遍原则,因此,追求公平与平等是西方近代体育的基本原则,它不承认除身体、心理、技术之外的任何不平等。在竞技运动项目的比赛中,强调以人为中心,从人的内部去寻求动力。一场激烈的运动竞赛就是灵魂与肉体的较量,呼唤人们超越自我,展示积极进取的精神风貌。

(二)中西方体育运动手段的差异

中国传统体育文化强调整体效果和直观感受,对动作的把握主要靠直观顿悟,动作简单,但内涵深刻。主要讲究动作的神韵,追求动作表现上的形似,更追求内部修炼基础上的神似。因此,很少有肌肉剧烈收缩的运动方式,一般讲求动作的刚柔相济、动静结合、虚实兼备、张弛有度、神形兼顾等。中国传统体育文化的目标是修身、养性,典型项目一般包括太极拳、气功、武术等。

西方体育强调肌肉健美、体格健壮,强调身体的外部运动。许多活动方式要求大肌肉群参与,且肌肉运动剧烈。提倡对人体的力量、速度、耐力、柔韧、灵敏等身体素质的训练,促进身体各部分均衡协调发展。通过赛跑、跳跃、投掷、体操、马术、击剑、游泳以及多种球类运动等形式,提高人体活动能力、机能水平和健美形象,获得精神充实与满足。西方体育讲求对抗与拼搏、追求"更快、更高、更强",在身体的激烈活动中常伴有损伤、疲劳、激动、亢奋等情况。当然,也提倡科学、讲究规范,重视体育科学理论的指导作用,有着明确的竞赛规则和场地器材要求。

(三)中西方体育竞技态度的差异

中国传统体育活动方式一般以个体活动为主,讲究自我锻炼,并不提倡相互争斗,相互对抗,也不追求对自然的超越。而是表现出自娱性的特点,强调依靠自身的修炼达到健身祛病、延年益寿的目的。古人对竞技性的身体运动并不重视,认为纯粹的力量、速度、灵敏、技巧等外在表现只是低层次的,与人切磋和过招重在较心、较智、较人格高低、较修养深浅。这样便很少有对抗激烈的竞技性项目,与西方体育追求更高、更快、更强,追求对抗与竞争,追求冒险和刺激有着很大的不同。因此,中国对竞技结果的态度也就表现出了与西方的不同,认为竞技的胜负本身是无足轻重的,"胜固可喜,败亦无忧"。无论胜负都是对人生的一种体验,一种磨砺,它们都可以对人格的完善起到促进作用,胜与负在对人的内在精神与气度的培养上具有同样的价值。

西方体育文化提倡竞争,其活动是在相互较量、相互比较的过程中完成的,提倡超越对手、超越自然障碍。在西方人看来,竞技场上的结果、成绩、名次直接影响到做人的价值以及自身的尊严,成绩的好坏是他一生成功与否的标志,成功与失败是两种完全不同的东西。因此,竞技场上的胜利者也往往被人们推崇为英雄。当今世界赛场上看到的绝大多数比赛项目都是西方体育项目,如田径、球类、拳击等,它们都具有很强的竞争性特点。西方体育运动激发人的勤奋、进取精神,提倡采用各种技术、战术以及优越体能来战胜对手,这也造就、强化和深刻影响着现代西方人的竞争意识。西方体育最大的属性是群体性,大多数项目是在集体协作的情况下完成的,由此极大地满足了人际交往的需要,为人们提供了交流的机会和条件。

总之,中西方体育文化是在不同的历史、文化背景下形成和发展起来的。虽然两者之间存在着巨大的差异,但各自有着突出的特点和价值功效,并不能确定其本身的优劣。随着社会的不断发展以及国际交流的日益频繁,人们对不同民族和地区的体育文化认识也将越来越深刻。中西方体育文化必然在各自的发展轨道上继续前进,取长补短,共同繁荣。

第三节　奥林匹克文化

奥林匹克运动不仅是当今世界规模最大、影响最广、层次最高的国际体育竞技活动,而且也是当今世界规模宏大的国际社会文化活动。奥林匹克文化是体育运动与文化和教育相融合的产物,是奥林匹克运动的灵魂和支柱,它所蕴涵的丰富内涵和重要价值,是人类宝贵的精神财富。

一、奥林匹克运动的起源与复兴

(一)古代奥林匹克运动

起源的传说:"珀罗普斯娶亲说"是在古希腊传播最广、作品中也一再提到的神话之一。相传珀罗普斯看上了厄利斯国王俄诺玛斯的一个貌若天仙的女儿希波达弥亚,然而,要娶希波达弥亚为妻却不那么容易。因为俄诺玛斯曾经得到一个神谕:如果他的女儿找到一个如意郎君,并同他结婚,那么国王自己就会死去。因此,国王尽力阻止前来求婚的人,把所有求婚者都视自己的死敌。然而,女儿总是要出嫁的,不可能总是把她关在皇宫里。于是,国王向全国发出布告:凡是愿意和希波达弥亚结婚的人,都必须先和他进行一场马车比赛,如果他获胜,求婚者要被处死。比赛的起点是庇塞,终点是科任托斯海峡附近的波塞冬神庙。国王还允许求婚者乘着四匹马拉的战车先出发,自己先向宙斯献祭,等仪式完毕后,他再投入比赛。如果他追上先前出发的求婚者,就有权用长矛刺穿对方的胸脯。那些爱慕希波达弥亚的年轻人听到这些条件,都充满了信心,于是,年轻而英俊的小伙子们一个接一个来到厄利斯,向国王的女儿求婚。国王很有礼貌地逐个接待这些年轻人,给他们四匹漂亮健壮的战马,而他自己则从容不迫,宰杀羔羊,献祭给宙斯,然后才乘上他的那辆由两匹母马拉的轻型战马车,追赶上去。但谁也想不到,这两匹马拉的战车奔跑得比风还快,每一次都是离目的地还有很远,国王就追上求婚者,并用长矛刺杀了他们。就这样,一连 13 个高贵而勇敢的年轻人都死在了国王的长矛下。珀罗普斯在路上听到了在厄利斯所发生的事情,不过,他并没有被吓退。这天晚上,他来到海岸边,呼唤他的保护神波塞冬,希望得到海神的帮助。结果一架战车如箭一样从深海中升起,战车由四匹带翅膀的马拉着,于是,珀罗普斯驾着这辆马车,风驰电掣般来到厄利斯。国王看到珀罗普斯驾着海神波塞冬的神车,先是一阵惊慌,但是,即刻镇静下来。他仍然按照以往的规定和这个年轻人进行比赛。当珀罗普斯快要接近终点的时候,国王的马车还是追上了他,并挥舞着手中的长矛,准备给珀罗普斯以致命的一击。但是,珀罗普斯的保护神波塞冬始终在暗中关注着这次比赛,他在国王即将追上珀罗普斯时,弄断了国王的车轴,结果一个车轮突然掉了下来,马车摔得粉碎,国王也坠地而死。此时,珀罗普斯到达了终点,他回头也同时看到国王的宫殿被一道闪电击中,燃起了大火。他急忙驾车直奔宫殿,穿过滚滚的浓烟和烈火,把希波弥亚公主救了出来。厄利斯的人民看到了珀罗普斯的胜利,便尊他为国王。几天后,在厄利斯城举行了盛大的庆典活动,其中包括许多体育竞技项目。珀罗普斯成了古希腊运动会神话中的创始人。从此以后,人们把希腊南部的半岛以他的名字命名为珀罗珀涅斯(伯罗奔尼撒)。在奥林匹亚圣地还有珀罗普斯的坟墓,据说希波达弥亚还是后来古希腊女子体育竞技会(赫拉竞技会)的创始人。

"避免瘟疫传说"也是古代奥运会起源传说之一。公元前 884 年,伊利斯发生了一场灾难性的瘟疫,居民一个接一个地死去。往日繁华、欢乐的奥林匹亚,出现了悲惨景象。恰在这时,早已觊觎奥林匹亚的斯巴达国王,乘人之危侵入伊利斯城邦。伊斐图斯严厉地警告斯巴达国王说:"我什么都可以给你,唯独圣山区——奥林匹亚不能给你!假如胆敢侵犯圣山,我们就要和你决一死战。"斯巴达国王不听警告,以为一举可以攻下他们垂涎已久的奥林匹亚,悍然发动了侵略战争。可是没想到却遭到了宁死不屈的伊利斯人的顽强抵抗,斯巴达人久攻不克。在希腊其他城邦调解下,不得不放弃了原先的打算。最后,斯巴达国王力古尔格和伊利斯国王伊斐图斯订立了《神圣条约》,条约规定奥林匹亚为定期举行庆典地,是神圣不可侵犯的和平圣地,庆典期间,任何人都不得携带武器进入奥林匹亚。《神圣条约》贯彻伊始,便被认为是古代奥运会开端之时,伊斐图斯便成了传说中的古代奥运会创始人。

历史背景:在希腊人的心目中,最美的生活就是与神的生活最接近的生活,那就是宗教祭祀节日中的活动。每当农业丰收或橄榄、葡萄熟了的时候,人们就欢聚在一起并进行祭神庆典活动。当初,这种祭神活动仅是一项隆重的礼节,用简单的舞蹈动作来表示对神的崇敬和感激。后来这种祭神活动便成为一种盛大的节日,凡遇季节变化、重要农事、军事活动、生死婚嫁等,人们都要停止劳动,举行集会。随着这种仪式的发展,便产生了祭神歌舞、体育竞技和戏剧表演等隆重的祭奠盛会。古希腊人希望与神灵同乐,用健美的舞蹈和裸体竞技以及艺术和诗歌来表达最奔放、最庄严的情感,以欢度人世间最幸福的时刻。

在古希腊,特别是最繁荣的伯里克利斯时代,每年在雅典举行的各类节日庆典活动多达 60 余次。在这些庆典活动中,内容主要有隆重的祭祀仪式、史诗的朗诵弹唱、歌舞音乐以及伴有戏剧和竞技项目的表演等。这些活动常常带有竞技的特色,日益为人们所喜爱,因而逐渐形成了许多地方性的竞技赛会。据史料记载雅典自庇西特拉图时代(公元前 6 世纪中叶)起,祭祀性的体育竞技会就已经具有全体民众的性质。当时组织者把大批装满橄榄油的陶瓮当作节日庆典赛会的奖品,分发给参赛的优胜者。在古希腊人看来,奥林匹斯山上的诸神与希腊人的战争胜败、祸福、生死息息相关,他们希望在战争中得到诸神的全力帮助。而体育运动竞技中的胜利,正好是战争中实力较量的良好预兆。因此,要获取竞技赛会上的胜利,正是古希腊人要获取战争胜利的心情的另一种表达方式。要保证能得到战争的胜利,就必须以对神灵的崇敬与祭祀来取得诸神的全力支持。这样,祭祀竞技活动便在古希腊的国土上得到了广泛的开展。

奥林匹亚竞技会:根据流传下来的有关文字记载,于公元前 776 年在希腊奥林匹亚地区举行的竞技赛会,即奥林匹亚竞技会,也就是现在所说的古代奥运会,是古希腊祭祀体育开始的年份,直至公元前 6 世纪,希腊祭祀体育的普及程度达到了顶点。从公元前 776 年开始,每四年在奥林匹亚村举行一次这种大型的竞技活动,届时奖给每个优胜者一顶神圣的橄榄枝花冠和一条棕榈树枝。据记载在赛会的前一天先要向宙斯举行隆重的祭祀典礼,然后才在宙斯神殿前的草地上举行比赛。最初只有赛跑一个项目,以后陆续增加了摔跤、五项竞技、拳击、赛马、赛车、掷铁饼、掷标枪、跳远等,最兴盛时期达到了 24 项之多。比赛地点也由宙斯神殿前移到了阿尔提斯神域外东北方向的专门体育竞技场,观众则站立在四周的坡形看台上。赛会期间,来自各个城邦的艺术家们展示自己的作品,诗人吟诵诗歌,哲学家、历史学家发表演说。而商人则借此谈买卖、定契约,使竞技赛会成为了全希腊思想、文化、经济交流的大集会。古代奥运会将体育竞技与文化艺术紧密结合,也是促成其长盛不衰的一个重要原因。

(二)现代奥林匹克运动的复兴

19 世纪后半叶,随着自由资本主义向垄断资本主义的过渡和世界市场的形成,民族间的壁垒被打破,体育也超越了国界,出现了国际的体育交流和比赛,形成了体育国际化趋势,一些国际的单项体育组织相继诞生。如 1881 年第一个国际单项体育组织——国际体操联合会成立,1892 年国际赛艇联合会和滑冰联盟也相继成立。在国际单项体育竞赛蓬勃开展的基础上,人们又迫切要求组织世界上规模最大的综合性运动会,同时也需要成立一个能够协调各单项体育活动的大型国际体育组织。

　　自 19 世纪初期开始,欧美一些国家相继为复兴奥运会进行了各种努力与尝试。在众多为复兴现代奥运会的活动中,法国教育家顾拜旦是公认的奥林匹克运动的创始人,他为现代奥林匹克运动的产生做出了卓越贡献。1863 年,顾拜旦出生在法国巴黎一个古老的贵族家庭。中学时代对古希腊历史产生了浓厚的兴趣,在英国留学期间,对英国学校的体育课、课外体育活动和郊游十分赞赏。在古希腊文化的熏陶和当时先进的英国资产阶级教育的影响下,他逐渐萌发了改革法国教育制度和倡导体育的思想。

　　1888 年,顾拜旦就任法国"学校教育、体育训练筹备委员会"秘书长。1889 年他代表法国参加了在美国波士顿举行的"国际体育训练大会",进一步了解世界体育的动态。他认为:近代体育的发展正在走向国际化,应该借助古希腊体育的经验和传统影响,来推进国际体育,于是,产生了复兴奥林匹克运动会的想法。为了使这一想法得到实现,他做了大量的准备工作。

　　1892 年,顾拜旦遍访欧洲,宣传奥林匹克理想,同年 11 月 25 日在庆祝法国"体育运动协会联合会"成立三周年大会上,他发表了著名的演说,第一次公开和正式地提出了创办现代奥林匹克运动会的倡议。在演说中,顾拜旦阐明:现代奥林匹克运动会应该像古代奥林匹克运动会那样,以团结、和平和友谊为宗旨,但应该比古代奥林匹克会有所发展和有所创新,它应该向一切国家、一切地区和一切民族开放,并在世界各地轮流举办。顾拜旦的倡议使现代奥林匹克会从一开始就冲破了民族和国家的界限,具有突出的国际性。

　　1894 年 6 月 16-24 日"国际体育运动代表大会"在巴黎索邦神学院举行,到会的正式代表 79 人,他们是来自美国、英国、沙皇俄国、瑞士、西班牙、意大利、比利时、荷兰和希腊等 12 个国家的 49 个体育组织的代表。会议期间,又先后有 21 个国家致函,向大会表示了支持和祝贺。顾拜旦的精心设计和主持,唤起了与会者对古代奥运会的神往,与会代表一致同意他的主张,决定复兴奥林匹克运动会,并通过了《复兴奥运会》的决议。6 月 23 日,大会通过了成立国际奥委会的决议,顾拜旦从 79 名正式代表中挑选出 15 人担任第 1 届国际奥林匹克委员会委员。大会商定通过于 1896 年在雅典举办第 1 届现代奥运会,并规定每 4 年举行一次奥运会,还规定了奥运会的比赛项目为田径、水上运动、游泳、划船、帆船、击剑、摔跤、拳击、马术、射击、体操、球类运动等。会上还确定了第 2 届奥运会定于 1900 年在巴黎举行等事宜。由于首届奥运会将于 1896 年在希腊首都雅典举行,因此,希腊委员维凯拉斯当选国际奥委会第 1 任主席,顾拜旦为秘书长。顾拜旦还亲自起草了国际奥委会的第一部宪章,这个宪章体现了古代奥林匹克运动的传统精神和现代奥林匹克的创新精神,提高了体育在教育事业和现代文明社会中的崇高地位。

二、奥林匹克标志

（一）奥林匹克五环标志

在1914年庆祝国际奥委会成立20周年纪念大会上，顾拜旦向大家展示了他自己设计的五环标志和一面印着五环标志的旗帜，并建议将五环作为奥林匹克运动的标志。顾拜旦解释了他对奥林匹克标志的设计思想："五环——蓝、黄、绿、红和黑环，象征世界上承认奥林匹克运动，并准备参加奥林匹克竞赛的五大洲，第六种颜色白色——旗帜的底色，意指所有国家都毫无例外地能在自己的旗帜下参加比赛。"所以，作为奥运会的象征，相互环扣在一起的五个圆环，就体现出了顾拜旦提出的可以吸收殖民地民族参加奥运会，为各民族间的和平事业服务的思想。在这届会议上，五环被确定为奥运的标志。

自1920年第7届安特卫普奥运会开始，五环的蓝、黄、黑、绿和红色开始成为五大洲的象征，分别代表欧洲、亚洲、非洲、澳洲和美洲。随着时间的推移和奥林匹克运动的发展变化，对奥林匹克标志的阐释也出现了变化。根据1991年最新版的《奥林匹克宪章》"奥林匹克标志"词条的附则补充解释，奥林匹克旗和五环的含义不仅象征五大洲的团结，而且强调所有参赛运动员应该以公正、坦诚的运动员精神在比赛场上相见。

《奥林匹克宪章》规定，奥林匹克标志是奥林匹克运动的象征，是国际奥委会的专用标志，未经国际奥委会许可，任何团体或个人不得将其用于广告或其他商业性活动。国际奥委会还要求各国采取必要的措施，保护奥林匹克标志，以确保奥林匹克运动的权威性，避免奥林匹克标志被滥用。

（二）奥林匹克旗

奥林匹克旗以象征着纯洁的白色为底，长三米，宽两米，中间是五色的奥林匹克五环标志图案。奥林匹克旗是根据顾拜旦建议制作的，并于1914年为纪念现代奥林匹克运动诞生20周年，在巴黎举行的第6届奥林匹克代表大会上首次使用。1920年比利时国家奥委会向国际奥委会赠送了一面同样的旗，这面旗就成为国际奥委会的正式会旗，并在1920年第7届安特卫普夏季奥运会开幕式上升起。此后历届奥运会都举行会旗交接仪式，但使用的是一件代用品，其图案与原会旗一样，只是规格要大一些。冬季奥运会旗是1952年由挪威奥斯陆市赠送的，交接和使用方法与夏奥会相同。

（三）奥林匹克格言

奥林匹克格言是"更快、更高、更强"，这一格言是顾拜旦的好友、巴黎阿奎埃尔修道院院长迪东在他学生举行的一次户外运动会上，鼓励学生们时说过的一句话，他说："在这里，你们的口号是：更快、更高、更强"。顾拜旦借用了好朋友的这句话，把它用于奥林匹克运动。1920年国际奥委会把这句话正式确认为奥林匹克格言，在安特卫普奥运会上第一次使用。从那以后，奥林匹克格言的拉丁语版本"Citius, Altius, Fortius"出现在国际奥委会的各种出版物上。奥林匹克格言充分表达了奥林匹克运动所倡导的不断进取、永不满足的奋斗精神。虽然只有短短的六个字，但其含义却非常丰富，它不仅表示在竞技运动中要不畏强手，敢于拼搏，敢于胜利，而且鼓励人们在自己的生活和工作中不甘于平庸，要朝气蓬勃，永远进取，超越自我，将自己的潜能发挥到极限。

（四）奥林匹克会歌

奥林匹克会歌早在 1896 年第 1 届奥运会开幕以后就诞生了，这首歌由希腊著名音乐家斯皮罗斯·萨马拉斯作曲，抒情诗人科斯蒂·帕拉马斯作词，并且由斯皮罗斯·萨马拉斯指挥几百个人第一次演唱了它。不过，在第 1 届奥运会上并没有把这首名为《奥林匹克颂》的歌曲确定为奥运会会歌。直到 1958 年，国际奥委会才把《奥林匹克颂》确定为奥林匹克会歌。从那以后，在每届奥运会的开幕式和闭幕式上，都能听到那首悠扬的古希腊歌曲。

除了奥林匹克会歌之外，每届奥运会上东道主国家还会创作一些奥运会的主题歌，比如 1984 年洛杉矶奥运会上演唱的《欢乐通宵》，1988 年汉城奥运会上演唱的《手拉手》，1996 年亚特兰大奥运会上演唱的《登峰造极》，还有 2000 年悉尼奥运会上演唱的《圣火》以及 2004 年雅典奥运会上演唱的《薪火相传》，这些歌曲也给人们留下了深刻的印象。

（五）奥林匹克会徽

每届奥运会都有不同的会徽，但所有会徽都要有五环图案，然后再衬之以反映东道主特点或民族风俗的图案。奥运会会徽又称奥运会会标，现代奥运会（包括冬季奥运会）的每一届组委会都会为所举办的奥运会设计一种独特的会徽。奥运会会徽是奥运会最有权威性的形象标志。根据《奥林匹克宪章》规定，各主办国设计的会徽，未经奥运会组委会同意，不得用于广告和商业服务。这一规定保证了奥运会会徽的严肃性和权威性。

2008 年北京奥运会的会徽是"中国印·舞动的北京"。会徽设计将中国特色、北京特点和奥林匹克运动元素巧妙结合，以印章作为主体表现形式，将中国传统的印章和书法等艺术形式与运动特征结合起来，经过艺术手法夸张变形，巧妙地幻化成一个向前奔跑、舞动着迎接胜利的运动人形。人的造型同时形似现代"京"字的神韵，蕴含着浓重的中国韵味。该作品传达了四方面含义：（1）中国文化。以中国传统文化符号——"印章"作为标志主体图案的表现形式，印章早在四五千年前就已在中国出现，是渊源深远的中国传统文化艺术形式，并且至今仍是一种广泛使用的社会诚信表现形式，寓意北京将实现"举办历史上最出色的一届奥运会"的庄严承诺。（2）红色。选用中国传统喜庆颜色——红色作为主体图案基准颜色。红色历来被认为是中国的代表性颜色，还是国旗的颜色，因此，具有代表国家、代表喜庆、代表传统文化的特点。（3）北京欢迎您。作品形象地表达出北京张开双臂欢迎世界各地人民的姿态，传递出奥林匹克的理念和精神。（4）冲刺极限，创造辉煌。现代奥林匹克运动一直强调以运动员为核心，会徽"中国印·舞动的北京"正体现了这一原则。印章中的运动人形刚柔并济,形象友善,在蕴含中国文化的同时,充满了动感。

会徽作品"中国印·舞动的北京"的字体采用了中国毛笔字汉代竹简的风格,将汉简中的笔画和韵味有机地融入"BEIJING2008"字体之中,自然、简洁、流畅,与会徽图形和奥运五环浑然一体。

(六)奥林匹克吉祥物

冬季奥运会的吉祥物设计,始于1968年第10届格勒诺布尔冬奥会。是一个半人半物的卡通型小雪人,称为雪士。

夏季奥运会的吉祥物设计,始于1972年的慕尼黑奥运会。是一个装饰性德国纯种小猎狗,称为瓦尔迪。1976年蒙特利尔奥运会,是一个海狸形象,称为亚米克。1980年莫斯科奥运会,是一个熊的形象,称为米莎。1984年洛杉矶奥运会,是一个鹰的形象,称为山姆。1988年汉城奥运会,是一个虎的形象,称为虎多里。1992年巴塞罗那奥运会,是一个抽象卡通牧羊狗形象,称为科比。1996年亚特兰大奥运会,是电脑设计的一个"怪物",最初名字叫"它是什么?",后来组委会采用了32位儿童的建议,定名为伊奇。2000年悉尼奥运会,是三种动物形象即鸭嘴兽、针鼹猬、笑翠鸟,分别取名为悉德、米莉、澳利。2004年雅典奥运会,是两个玩偶娃娃,雅典娜和费沃斯。

2008年北京奥运会,是五个福娃,"贝贝""晶晶""欢欢""迎迎"和"妮妮",把五个福娃的名字连在一起就是"北京欢迎你"。他们的造型分别融入了鱼、大熊猫、奥林匹克圣火、藏羚羊和燕子的形象。

贝贝传递的祝福是繁荣。在中国传统文化艺术中,"鱼"和"水"的图案是繁荣与收获的象征,人们用"鲤鱼跳龙门"寓意事业有成和梦想的实现,"鱼"还有吉庆有余、年年有余的蕴涵。贝贝的头部纹饰使用了中国新石器时代的鱼纹图案。贝贝温柔纯洁,是水上运动的高手,和奥林匹克五环中的蓝环相互辉映。

晶晶是一只憨态可掬的大熊猫,无论走到哪里都会带给人们欢乐。作为中国国宝,大熊猫深得世界人民的喜爱。晶晶来自广袤的森林,象征着人与自然的和谐共存。他的头部纹饰源自宋瓷上的莲花瓣造型。晶晶憨厚乐观,充满力量,代表奥林匹克五环中黑色的一环。欢欢是福娃中的大哥。他是一个火娃,象征奥林匹克圣火。欢欢是运动激情的化身,他将激情散播世界,传递更快、更高、更强的奥林匹克精神。他所到之处,洋溢着北京2008对世界的热情。欢欢的头部纹饰源自敦煌壁画中火焰的纹样。他性格外向奔放,熟悉各项球类运动,代表奥林匹克五环中红色的一环。

迎迎是一只机敏灵活、驰骋如飞的藏羚羊,他来自中国辽阔的西部大地,将健康的美好祝福传向世界。迎迎是青藏高原特有的保护动物藏羚羊,是绿色奥运的展现。迎迎的头部纹饰融入了青藏高原和新疆等西部地区的装饰风格。他身手敏捷,是田径好手,代表奥林匹克五环中黄色的一环。

妮妮来自天空,是一只展翅飞翔的燕子,其造型创意来自北京传统的沙燕风筝。"燕"还代表燕京(古代北京的称谓)。妮妮把春天和喜悦带给人们,飞过之处播撒"祝您好运"的美好祝福。天真无邪、欢快矫捷的妮妮在体操比赛中闪亮登场,她代表奥林匹克五环中绿色的一环。

(七)奥林匹克口号

奥运会口号是奥运会理念的高度概括和集中体现,往往具有很强的亲和力和震撼力,很容易被不同背景的人们所接受、记忆和传诵。自从1896年雅典奥运会上提出了"更快、更高、更强"的响亮口号之后,奥运会上的口号就成了奥林匹克的重要组成部分。

1968年墨西哥奥运会提出:"全世界青年们相互了解、增进团结"。1972年慕尼黑奥运会提出:"光明、清新、慷慨"。1984年洛杉矶奥运会提出:"加入我们"。1988年汉城奥运会提出:"人类和谐"。1992年巴塞罗那奥运会提出:"永远的朋友"。1996年亚特兰大奥运会提出:"和谐、光辉、优雅"。2000年悉尼奥运会提出:"分享奥林匹克精神"。2002年盐湖城冬季奥运会提出:"点燃心中圣火"。2004年雅典奥运会提出:"欢迎回家"。2008年北京奥运会提出:"同一个世界,同一个梦想"。

三、奥林匹克文化的特征与内涵

(一)奥林匹克文化的特征

象征性:顾拜旦说:"奥林匹克运动是一个伟大的象征。"奥林匹克运动所主张的和谐发展的生活哲学,所倡导的团结、友谊、进步的精神,所规定的公正、平等竞争原则,所形成的各项仪式规范等等,都物化成了一系列独特而鲜明的艺术形式,如奥林匹克旗、吉祥物、会徽等。这些物化的艺术形式充分表达了奥林匹克丰富文化内涵,成为人类文明的标志。

多元性:现代奥林匹克运动倡导平等、尊重、公平竞争,反对一切形式的歧视,强调"参加比取胜更重要"的普遍性原则。奥林匹克运动的普遍性带来了文化上的多元性,正如前国际奥委会副主席何振梁先生所说:从一百多年奥林匹克运动的历史看,它之所以成功,原因之一是它对多种文化的兼容和尊重。这个明智的政策不仅确定了奥林匹克运动的多文化性,也使它更具吸引力和凝聚力。可以毫不夸张地说,多文化性正是奥林匹克运动的财富和力量所在。

观赏性:奥林匹克运动会是人体展示的最高形式,运动员精湛的技术、拼搏进取的精神,最大限度地挖掘自身的潜力,向生命的极限发出挑战,创造出一种在努力奋进中求得欢乐幸福的形象。奥林匹克运动所营造的情感气氛、审美意境,及其所构成的多姿多彩的文化景观,具有极大的观赏性,各类文化艺术形式吸引着数十亿观众。这种观赏性提高了人的美感修养,美化了社会生活。

人文性：古代奥运会已成为希腊民族文化的一部分，现代奥林匹克运动则是人文思想发展的产物，强调以人为本、人的和谐发展。长期的奥林匹克运动实践积淀了丰厚的人文精神，体现了人们对真、善、美的追求。奥林匹克文化已经形成一门科学体系，也是人文科学的一部分，它所蕴涵的人文性，具有良好的教育价值。

（二）奥林匹克文化的内涵

追求和谐发展：奥林匹克运动强调体育为人的和谐发展服务，以促进建立一个维护人的尊严的和平社会。提出健康的身体是健康生活的基础，健全的灵魂寓于健全的体魄，应当注重体魄锻炼与文化素质相结合。倡导增强体质、意志和精神并使之全面均衡发展，竞技优胜者不仅要技艺高强、体魄健美，而且道德高尚、知识丰富。

奥林匹克运动作为培养人的一片沃土，是对人进行全面发展教育的过程。通过体育活动磨炼意志，增强体质，发展和提高思维能力，塑造完善的人格。顾拜旦说："体育是增强民族体质、矫正畸形身躯的最直接的途径，是培养荣誉心和公正无私精神的理想手段。"他的《体育颂》高度颂扬了体育的作用，鼓励人们积极投身到体育运动中，不仅拥有健康的体魄，而且拥有良好的素质，成为高尚、公正、坚强、聪明、健美的人。

促进团结友谊：奥林匹克运动的最高目标是要通过体育活动的手段，把世界不同国度、不同种族、不同语言、不同宗教信仰的人们凝聚到一起，使大家相互交往，增进了解和友谊，进而为建立一个维护人的尊严与更美好的世界做贡献。古代奥运会以橄榄枝为最高奖品，象征吉祥、友谊与和平。它制定了神圣休战条约，保证奥运会神圣不可侵犯。古代奥运会对制止战争、维护和平起了重要作用。现代奥运会继承这一传统，强调国家民族平等，维护人的尊严，倡导多元文化，彼此兼容，和平相处。

团结友谊是人类生存与发展的基本准则，现代奥林匹克运动反映了人类这一最强烈的愿望，从而使它具有广泛的号召性和强大的生命力。奥林匹克标志由五环组成，五环的颜色规定为蓝、黄、黑、绿、红，并从左到右互相套接，代表五大洲的团结和全世界的运动员在奥林匹克运动会上欢聚一堂。现代奥林匹克运动试图筑起沟通各国人民之间联系的桥梁，是连接各国人民团结的纽带，增进不同民族、不同文化的人们之间的互相了解，促进世界和平，减少战争威胁，因而它成为世界和平事业的一个重要组成部分。

体现公平竞争：奥林匹克是一种以竞技体育为主要活动内容的体育运动。竞争是竞技体育的突出特点，它具有激烈的对抗性和鲜明的娱乐性。在比赛中，运动员之间通过剧烈的身体接触和对抗，分出胜负，既锻炼了自己的身体，磨炼了意志品质，也为观赛者提供了健康的娱乐享受。竞争是推动人类社会进步的基本手段之一，在竞争中可以抒发雄心壮志，增长聪明才智。参加竞赛活动，就必须树立起敢争高低的竞争意识，勇于向世界强手和世界先进水平挑战，不断超越自己，超越他人，超越世界最高纪录，这是人类前进的动力。

奥林匹克倡导的竞争是以公平的道德标准为前提的，强调"体育就是荣誉，但荣誉公正无私"。这是对人的尊严的维护，也是实现奥林匹克宗旨的保证。古希腊公平竞争的范围仅指希腊血统的男性公民，占人口一半的妇女和人数上大大超过公民的奴隶及异邦人则与此无缘，而现代奥运会则对全世界所有人开放，运动员处于完全平等的条件下，遵守规则，凭借自身的能力，光明磊落地进行比赛，这是真正的公平竞争。这种公平竞争原则表现为：在由组织者统一提供的具备同一条件的场地内，在完全对等的比赛规则之下，在裁判者的公平执法尺度下，竞赛者完全凭借自己强健的身体、机敏的头脑、良好的反应力及控制力去战胜对手，获取胜利。只有在这种公平规则的基础上，体育运动才富有独特的魅力，竞赛的胜负才有真正的意义。

强调奋力拼搏：奥林匹克运动倡导从奋斗中求得幸福的人生态度，倡导最大限度地挖掘自身的潜力，向自身体能、生命的极限挑战，勇敢竞争、奋力拼搏是实现生命价值的真谛。赛场上的奋斗是人类奋斗的缩影，拼搏的艰辛，竞争的激烈，不仅对场上运动员有直接刺激，而且对场下众多的观众，尤其是青少年有着更深远的教育意义。奥运会的格言是"更快、更高、更强"，它的含义表达了奥林匹克运动不断进取、永不满足的奋斗精神和不畏艰险、勇攀高峰的大无畏精神。奥运金牌是由一首首拼搏之歌铸就而成的，它凝聚着运动员和教练员无数的心血和汗水，更反映了对人类崇高理想、品质、意志和能力的不懈追求。

提倡重在参与：奥运会的名言是"参加比取胜更重要"。体育不仅仅是技术与体能的较量，更是精神、斗志和气势的较量，因此过程比结局更重要。奥运会为每名参加者提供了夺取金牌的机会，但金牌只青睐于那些永不放弃一切机会与希望的顽强追求者，这是夺取胜利的思想内涵，是体育的精髓。在体育比赛中，冠军只有一个，要努力去争、去拼，这是每个参赛者应有的追求。有的运动员明知可能拿不到冠军，甚至连铜牌都拿不了，但他们不甘失败，而是在尽力去争、去拼，这种精神尤其值得鼓励和倡导。

奥林匹克文化的内涵丰富，包含着整个奥林匹克运动各种活动的全部过程，集中体现为和谐发展、团结友谊、公平竞争、奋力拼搏、重在参与等方面。和谐发展、团结友谊体现着奥林匹克运动的宗旨和目的，公平竞争、重在参与体现奥林匹克运动的法制原则和行为规范，奋力拼搏则体现了奥林匹克运动的进取精神和思想境界。这些都是人类的精神财富，是人类对真、善、美的追求，是人类崇高理想的体现。这也正是奥林匹克文化对世界发展产生积极影响的原因所在。

四、北京奥运会的三大理念

北京获得 2008 奥运会的举办权是全国人民对北京的支持，是世界对北京的认同和信任。根据"为人的和谐发展，以促进建立一个维护人的尊严的和平社会"的奥林匹克宗旨，北京提出了"绿色奥运、科技奥运、人文奥运"的举办理念。我们可以看到绿色环保日益成为全社会的自觉行动，现代科技为场馆建设和运营提供了坚实的支撑，各项筹办工作始终坚持以人为本。北京面对世界，做出了郑重的承诺，中国也信守这一承诺，全力贯彻"绿色奥运、科技奥运、人文奥运"的三大理念，并且从抽象变为现实，实现了非凡的跨越。

（一）绿色奥运

绿色奥运，就是将环境保护作为奥运设施规划和建设的首要条件，表达了北京人民对我们共同的家园发自内心的珍爱。北京在各个领域里努力推广环保工作，制定严格的生态环境标准和系统的保障制度；广泛采用环保技术和手段，大规模多方位地推进环境治理、城乡绿化美化和环保产业发展；增强全社会的环保意识，鼓励公众自觉选择绿色消费，积极参与各项改善生态环境的活动，大幅度提高首都环境质量，建设生态城市。2008北京奥运会以绿色清新的面貌为世界环保运动注入了新的动力。

银灰色的"鸟巢"、蓝色的"水立方"、金色的五棵松篮球馆，北京奥运会的一个个标志性建筑色彩各异。绿色奥运理念的施行，让它们拥有了共同的色彩——"绿色"。

由于北京水资源相对缺乏，因此节水就成为每个奥运场馆的共同追求。集成采用大量的节水技术之后，"鸟巢"也已成为一个典型的节水建筑。据有关报道："鸟巢"仅通过雨洪回用系统，就可将建筑屋面、比赛场及周边地区两万多平方米的雨水收集起来，满足自身50%的用水需求。这些再次回收利用的水不仅可以用于比赛跑道的冲洗，而且还用于场馆的室外绿化。体育场馆等大型公共建筑耗能过高，一直是社会关注的问题。而严格按照绿色建筑标准设计、建设，则正是"水立方"的一大特色。它的各项节能措施有：采用大量专门措施降低自来水消耗，每年可减少废水排放量14万吨；用空腔内透光的照明方式，采用单颗1W大功率LED光源，比荧光灯节能60%以上；采用ETFE膜围护结构设计，通过腔通风、自然通风等节能措施，比国家公共建筑节能设计标准整体节能9%左右。北京奥运场馆已成为全球利用太阳能发电量最多的建筑群之一。仅国家体育馆等7个奥运场馆的太阳能发电系统年发电量就达58万千瓦时，相当于北京市近万人口一年的生活消费用电量。

随着绿色奥运理念的施行，人们的生活环境得到了巨大的改善。对北京环境质量改善最有发言权的，应当是长年生活在这里的城市居民。例如，据生活在清河边的市民反映："以前到夏天时，这条河特别臭，根本没法在河边散步。现在河水治理好了，晚饭后，大家都爱去河边走一走。"另据北京市有关部门统计，北京已累计投入上千亿元，在防治烟煤型污染、机动车污染、工业污染、扬尘污染、生态保护和建设等方面，连续实施了13个阶段200多项治理措施，空气质量已连续九年得到改善。北京的"蓝天"数量，已从1998年的100天增加到2007年的246天。

绿色奥运理念引导着越来越多的人自觉地选择"绿色"的生活方式。像许多国际大城市一样，机动车尾气是北京空气污染的罪魁祸首。2006年6月5日世界环境日当天，北京的许多车主发起了"少开一天车"的公益活动，目前已吸引了北京112家汽车俱乐部、民间环保组织、高校环保社团的20余万车友加入。响应这项活动的人员说到："我每周至少少开一天车,坐地铁就可以到单位,既省得堵车,又节约不少汽油资源,更重要的是为保护环境做出了贡献。"普通民众的自觉行为得到了专家的高度肯定,一位非常关注环境问题的中国气象科学研究员说:"对普通老百姓来说,平时培养健康的生活习惯,每月少开一天车,少烧一点儿煤,对环境都能产生积极的影响。"很多人的生活习惯乃至政府决策都因绿色奥运这一理念而改变。污染严重的工厂陆续迁出市区,更加绿色环保的消费品进入家庭,机动车排放和燃油标准不断提高,公共场所禁止吸烟和禁用超薄塑料袋等举措陆续出台,绿色环保,已成为中国公众文明的重要内容,以更快的速度融入中国百姓的日常生活。

(二)科技奥运

科技是人类文明进步的动力源泉。古老的中国,曾在世界科技史上占有重要地位。今天的中国人民,不仅与全世界共享科技文明的成果,也在各个领域推动世界科技的进步。科技奥运能反映出科技最新进展,集成全国科技创新成果,提高北京科技创新能力,推进高新技术成果的产业化及其在人民生活中的广泛应用,使北京奥运会成为展示高新技术成果和创新实力的窗口。

国家游泳中心"水立方",以梦幻般的蓝色吸引了全世界的惊叹目光。而在光影魅力的背后,则凝结着无数科技工作者的心血和汗水。半导体(LED)照明是新一代照明技术,"水立方"业主对其有浓厚兴趣,但心里没底。科技部有关部门牵头组织国内最具优势的科研单位与业主一起进行分析论证,国家863计划也给予大力支持,科技工作者全力攻关,最终取得了一系列的技术突破,为"水立方"的景观照明提供了坚实的科技支撑。据相关科研项目专家介绍,使用LED照明,不仅比普通照明节能近70%,而且由于采用了计算机编程控制,可以显示各种不同颜色和动态图案,为水立方营造出了变幻莫测的光影奇观。而LED景观照明只是"水立方"众多技术难题中的一个。钢结构关键技术、ETFE膜结构装配系统关键技术、室内环境系统关键技术、智能救生系统等等,使美轮美奂的"水立方",包含着无数的科技奥秘。北京奥运会申办成功后仅14天,科技部、北京市政府、国家体育总局、中国科学院、中国工程院等部门共同宣布:实施"奥运科技(2008)行动计划"。行动计划提出,要针对奥运申办过程的焦点问题和奥运对科技提出的需求,开展技术示范和科技攻关,在治污节水、清洁能源、清洁汽车、智能交通等方面建设一批先进技术的试点示范工程,围绕数字奥运,在数字新闻信息系统、智能化比赛管理系统、信息安全等方面建设标志性工程,围绕运动科研,开展医疗保健和运动器材、兴奋剂检测等关键技术的研究工作等。

当全球气候明显变化、生态环境不断恶化、能源问题举世关注时,中国科技界义不容辞地把科技奥运与节能减排结合起来,全力为绿色奥运提供坚强的科技支撑。据统计,在筹办北京奥运过程中,采用的"绿色"技术达358项,其中水资源保护技术121项,新能源利用技术69项,节能技术168项。仅节能技术的普遍采用,就让北京奥运会所有比赛场馆在运行时可节能 50%，所有的居住设施可节能 65%，每年可减少二氧化碳排放 5.7万吨。奥运火炬虽小，科技含量却很高。中国工程院院士刘兴洲说："在各种气候和地理条件下，圣火燃烧不能受影响，还要轻便、安全和环保，这些都需要先进可靠的技术作为保障。"刘兴洲组成的科研团队，经过技术攻关，终于研制出符合要求的奥运火炬内部燃烧系统。这套具有完全自主知识产权的系统，通过增加稳压装置、主燃室和预燃室双保险等方式，成功解决了低温、低氧、大风、大雨下燃烧等一系列难题，确保了奥运火炬在全球传递的顺利进行。从新型建筑材料的研发，到关键材料技术的掌握；从节能照明灯的推广，到新型花卉的培育；从 3G 手机的问世，到京津城际高速列车的试运行，可以自豪地说，北京奥运会的科技含量是举世瞩目的，是奥运历史上科技含量最高的一届运动会，广大运动员和民众都将享受到这些科技成果带来的便利。同时，随着奥运科技创新成果的全面推广与应用，必将促进我国的科技水平和自主创新能力的进一步提高。

（三）人文奥运

2008 年北京奥运会是一次人文奥运的盛会。它将普及奥林匹克精神，弘扬中华民族优秀文化，展示北京历史文化名城风貌和市民的良好精神风貌，加深各国人民之间的了解、信任与友谊，推动中外文化的交流。北京奥运会将坚持"以人为本"，以运动员为中心，构建体现人文关怀的环境，为八方来客提供全方位的优质服务。努力建设使奥运会参与者满意的自然和人文环境，促进人与自然、个人与社会、人的精神与体魄之间的和谐发展。

"鸟巢"是一件令人难忘的建筑作品，入场时观众与车辆分流，确保观众安全；设置多个导视路标，方便观众找到座位；无障碍设施十分完备，残疾人能够直接进入一层看台；看台分成 7 层，每层观众都不会被前排座椅挡住视线等。令人难忘的不仅是"鸟巢"的人性化设计，"水立方"的更衣室、卫生间、池岸区等区域，都铺设了防滑保温的人造石地砖，运动员走到哪里，感觉到的都是温馨。北京射击馆采用了生态型呼吸式遮阳幕墙，观众一走进馆里，立刻会感到丝丝凉爽。"人文奥运是三大奥运理念的核心，它要求奥运筹办工作处处以人为本。"北京市奥运工程建设指挥部顾问万嗣铨说，"具体到场馆建设，就是要注意强化人性化的设计，尽可能让运动员、教练员、裁判员和广大观众感受到方便与舒适，充分体现对各类人群特别是残障人士的关怀。"细节体现关爱，细节决定成败，北京奥运场馆的细节处理，赢得了国内外的一致赞许。

在参与中传播奥运精神，在参与中享受奉献的快乐。奥运志愿者开始招募以后，年近古稀的孙茂芳老人第一时间提出申请。在"好运北京"体育赛事、北京国际公路自行车邀请赛等多项城市志愿服务中，无论风雨寒暑，他带领的志愿服务小分队始终活跃在北京王府井服务站点上。他说："做一名奥运志愿者，是我长期以来的一个梦想。希望通过我这样一位老人的志愿服务，让更多的人参与到服务奥运的行列中来。"据报道，北京奥运会期间有 10 万名志愿者直接参与赛事工作，而报名人数已达 130 万人，这在奥运历史上是一个空前的数字。"注重解决人民群众最关心、最直接、最现实的利益问题，使筹办奥运会的各项工作造福广大人民群众"。为办好奥运会，北京和其他奥运协办城市始终坚持以人为本，努力使广大群众分享发展成果。在北京，政府部门不断加大社会公共服务投入，普通民众得到的实惠越来越多。借奥运会契机，北京市确定了优先发展公共交通的战略，公交车总数从2001年的17000多辆增加到目前的2万多辆。与此同时，北京地铁也得到迅猛发展，地铁13号线、八通线、5号线、10号线、机场线和奥运支线相继建成，越来越多的市民可以享受到快捷的城市轨道交通。此外，北京市民普遍关注的医疗、教育、就业、住房、社保等民生问题，也逐步得到解决。始终坚持以人为本，把全力筹办奥运会与努力使广大群众共享发展成果相结合，正因如此，北京奥运得到了民众的真心支持，人文奥运理念也注入了独特的中国内涵。

第 六 章 　体育教学与体育文化融合的理论研究

第一节　公共体育教学中体育文化的融合

自改革开放以来,我国越来越重视公共体育教学,尤其对体育教学中的体育文化异常重视。而在以往的高校教学中,往往呈现出重视体育健康、轻人文教育的倾向。公共体育教学中的体能训练固然重要,以至于各大高校不断增加公共体育课的课时,却未曾想到对学生进行体育心理健康等知识的辅导,只是一味地赶课程要求,提高学生生理机能,而忽视将公共体育教学与体育文化相融合。

一、当今高校公共体育教学的现状

一个国家国民体质的高低往往决定了这个国家未来发展的快慢,而文化素养的多少则代表了整个国家的精神面貌,两者密不可分。公共体育教学离开了体育文化就好比无源之水,无本之木,失去了核心与灵魂。但是,如果单单追求体育文化,忽视体育运动的重要性,那岂不是等同于舍本求末。现今高校在公共体育教学中也存在很多问题,而如果不加以改变后果不堪设想。因此,教育者应当将公共体育课的健身性与人文性相统一,使得两者齐头并进、共同发展。

高校公共体育教学师资力量。显而易见,在任何一个高校当中体育老师的人数都是相对而言较少的,并且教师水平参差不齐,高级职称的老师较少,而大多都是管理层,很少或无法抽空安排到日常教学之中。大多数体育老师年龄较小,职称较低。而这些都不利于公共体育教学的有序、健康开展。

高校公共体育教学内容。当今高校开展公共体育教学,会给予同学多种选择,例如:篮球、乒乓球、足球、羽毛球、健美操、太极等。当然,也会据此作为上课内容,在相应场地教授相关技能。如若是教授羽毛球,一般会教授同学握拍、发球、击球等相应技能,却常常忽视教授裁判规则、一些基本的常识内容,而往往忽视蕴含其中的体育文化以及相应健康知识,而老师也未曾将公共体育教学与体育文化相融合。

高校公共体育的教学模式。在一般的高校中都会设置体育课。一般情况下,在大学一年级开设体育的公共基础课,由学校统一安排学生上课,上课内容一般是太极。但是这样的安排存在很大的局限性,一则学生没有选择的余地,不能充分发挥学生的兴趣爱好。二则开设的内容较简单，没有达到强身健体的目的。进入大学二年级之后，学校会开设体育选修课，开设多种多样的课程供学生选择。表面上看如此设置课程十分合理，还能调动学生的积极性，实则不然，课程有很大一部分会和上一学年的内容重复，且全校学生一起抢课也是一大问题。

学生缺少兴趣。众所周知，兴趣是最好的老师。但是目前在高校开展的一些体育课程往往枯燥乏味，老师教学方式单一，学生往往不感兴趣，且经过了高考之后，学生普遍认为体育是不重要的科目，可有可无，因此对于老师在课堂上教授的内容往往是照葫芦画瓢，为了应付最后的体育考试，试想，若是学生消极对待课程，对老师教授的内容不感兴趣，而老师往往教授的是一些有关相应课程的枯燥乏味的知识，也很少有老师将体育与其中的文化串连在一起的，老师上课无聊，学生懒于认真听课，如此恶性循环，是很难在短时间内改变的，又谈何将公共体育教学与体育文化相融合呢？

二、如何将公共体育教学与体育文化进行融合

随着新课程改革的推进，公共体育教学对于国民教育越来越重要。但是就目前高校的公共体育教学而言，情况不容乐观。众所周知，一所高校体育课的好坏决定了教学目标的好坏，而一所高校的品性往往是由它的最低处所决定。对于教育者而言，要是体育成为每个学生最强有力的后盾而不是软肋。想要做到这一点，最重要的就是引导学生转变观念，教育者改革教学内容方法等一系列行之有效的措施。接下来，就如何将公共体育教学与体育文化相融合进行讨论。

引导学生观念的转变。常言道：如若想要改变一个人，那么首先要改变他的观念、想法。在大多数学生的观念当中，体育其他学科无法相比，可能是高中时期受高考制度影响，在学生潜意识里就觉得体育是一个放松性课程，完全不需要任何理论性的内容，学生往往上课随意散漫、无心听课。但是，为了规范学生行为、推动体育文化的融入，各高校要积极向学生宣传体育文化的重要性，强调二者"双向并举，齐头并进""无体育，不文化"，要真正将这一观念深入人心，让学生打心底里认识到文化与体育是同样重要的，从而落实到日常行为中去。

改革教学内容、方法。以往的教学模式由于按部就班、内容单一，一定程度上不能满足当代大学生的学习需要。这种传统的体育教学模式，一般是学生聚集到操场上，老师教授学生一些基本的体育项目技能，老师进行演示学生自行观看，然后再让学生自行练习，最后学生自由活动。这种教学模式往往枯燥、乏味，教育者应当根据学生的兴趣爱好，充分尊重学生个性的发展，开设大学生较感兴趣的体育项目，如跆拳道、篮球、瑜伽、健美操、足球等，让学生自行报名选修。而老师在教学过程中，要以讲授体育项目知识为主，穿插一些有关该项目的文化知识，尽力做到将理论与实践相结合。此外，要适当引入一些游戏，提高学生的积极性，让更多学生参与其中，使得课堂不再是老师一个人的"独角戏"，真正做到寓教于乐，体育与文化相融合。

提高高校体育师资力量。各个高校体育教师师资力量参差不穷,而这在一定程度上也会影响体育教学与体育文化的融合。就有关研究表明,目前在高校担任体育老师的教师大多只具有本科学历,研究生、博士生往往是凤毛麟角。试想,为人师者若是没有较高的文化水平,又如何要求所教授的学生拥有高素质、高水平,谈何将体育教学与体育文化相融合。因此,作为教育者要不断完善高校体育师资队伍,努力招收一些高水平、高质量的体育老师。提高体育课的教学质量,从而加强体育与文化的融合。

综上所述,将公共体育教学与体育文化相融合是深入贯彻落实素质教育的重中之重。众所周知,体育与其中所包含的体育文化密不可分,且将体育与文化相融合,在一定程度上可以培养学生的体育意识与体育精神,从而推动学生积极健康地成长。不可否认的是,高校公共体育教学中的确存在一些问题,而这些问题的暴露更值得说明问题,也表现出将公共体育教学与体育文化融合的必要性。上述的一些解决策略,是立足于学生发展的客观需要,围绕学生的兴趣爱好所指定的。

第二节　体育教学离不开体育文化的引领

现如今很多学校在体育课教学中只注重对学生体育项目的训练,甚至有的学校体育课让学生自己玩耍,没有将体育文化真正地融入教学中,导致学生缺乏对体育文化了解。这种片面性的体育教学带来的影响只会让学生强身体,弱思维,出现一边重的现象。学生的全面发展不只是在身体上能够强健,在思想心理上也需要同步发展。文化是社会发展的强在动力,社会转型的基础就是做到文化转型。

一、将体育文化融入体育活动中的重要意义

有利于提升学生体育素养。常说的体育素养就是学生在平日里所能够学习到的体育技能和知识,通过学习而形成正确的价值观,在为人处世和做事方式方法上有着突出的表现能力。我国现如今推行素质教育,从这个角度来讲就是让学生在本身自我发展的前提之下,通过教育培养学生的个性发展方向,让学生形成一套成熟的思想理论体系。将体育文化融入体育活动中,在让学生发挥自己天性的过程中还能增强学生们对体育文化的了解,在不知不觉中对学生的体育文化素养进行提升,想要充分发挥体育文化在体育教学中的引领作用,就必须要在体育活动中增加体育文化的教学内容,老师需要通过整合体育知识实现体育文化创新,让学生起到传承文化的作用。

有利于转变学校教学模式。现如今,学校教学模式已经开始转变,从原本的知识灌输到结合学生心理进行教学。现代教育已经注重培养学生多重能力,在体育教学要培养学生的多角度体育认识,让学生不再单纯地认为体育课就是玩耍,抛却传统的生物体育观,将学生的身体发展与个人情感素质等个人主观因素融合成为一体进行培养。充分调动学生在体育课堂上的参与积极性和兴趣,不断在教学过程中拓展学生能力,让学生主

观能动性得以全面彰显,达到对学生的全面培养的目的。所以,体育教学要实现从"育体"到"育人"的教学转变,不再只追求于学生外在的体育技术水平和身体健康,而是在这个基础上也要实现学生更为全面的发展。将传统教学体系打破,揉捏出一套新型体育教学体系,全面完成体质增强同时也学习体育文化知识,为学生终生锻炼打下良好基础。

二、如何在体育教学中融入体育文化教育

在将体育文化融入体育教学中,可以坚持"四位一体"原则,这个原则指的是学生在学校期间安排的体育课程,在课后进行体育锻炼,参与各项体育竞赛,学校也要进行校园文化熏陶这四种体育学习方法。有机结合学校教学的理论,老师传授的技能以及在课外学生进行的体育锻炼,把体育文化逐步的渗入到学生的体育活动中,实现培养学生体育文化的目的。

改变传统教学模式。传统体育课教学模式只注重对学生体育技能培养,想要提升学生体育文化水平就要将传统模式打破。在体育课堂上营造出快乐的学习氛围,让学生在体育课上体验到学习的乐趣。将轻松的学习氛围和严谨的课堂纪律结合,多种途径组织学生交流,优化体育课堂教学环境。逐渐克服传统教学模式的影响,不再偏重于竞技化。在教学过程中像学生传递体育项目的各种文化知识,将体育锻炼的重点方法传授,培养学生良好的锻炼习惯,为学生终生体育锻炼做好铺垫。由此可见,新时代下的体育教学已经不再是技能训练,而是融合体育文化的运动体验。学校体育老师在准备体育课堂教学的时候要形成一套完整的教学理论,将知识和技能有机结合,多管齐下提高学生身心健康发展。

改革课外体育活动。课外体育活动并不是体育课的一部分,而是体育课堂的一种延续。课外体育活动可以对体育课堂学到的体育能力进行补充,学校要加强对课外体育活动重视程度,组织培训老师有计划有目的引领学生。课外活动不拘泥于学校发放器械或者统一组织的时间,而是依据学生兴趣时间而组织活动。课外体育活动可以巩固学生课堂知识,让学习到的技术得以充分实践,又可以给学生缓解学习上的压力,形成良好的心理素质,让学生培养良好的运动习惯。需要明确的是,课外体育活动是学校体育的重要组成,同样也是对学生进行体育知识能力培养的过程,在这期间也是要注重学生人文主义思想培育,考虑其教育意义。除此之外,组织课外体育活动是多种多样的,既可以以俱乐部形式进行,也可以体育兴趣小组自行组织,如篮球社团、田径社团,等等。不仅如此,亦可以组织体育知识竞赛和体育知识讲座,让体育变的异彩纷呈。

强化建设学校体育文化环境。文化熏陶是润物细无声的,体育文化培养只依靠学校体育课堂上的传授是不足的,而应该在学校大环境下组织进行。学校可以在运动场所制作体育项目宣传牌,制作宣传长廊为学生提供体育知识获取渠道。

在如今社会,人的文化素养彰显着独特魅力,起着越来越重要的作用。社会的发展进步与文化的发展进步是密不可分的。在体育教学中足以深深感受到我国体育教学并

未将体育精神和体育文化融入教学中，依旧停留在传授体育竞技项目技能和强化身体锻炼的低层次上面。自然也不是说技能和锻炼不重要，只是未能将体育进行全面展现出来。在以后体育教学中，体育老师要着重与学生的全面发展，对学生各方面进行教育，让学生成为一名高素质人才。在学校教育模式中应该重视体育文化对体育的引领作用，在基础设施建设的时候就要为学生提供体育知识获取的多种途径，不能让任何一门学科只停留在单方面教育，而是更加着重全方位培养。

第三节　高校体育教学宣传体育文化的策略

随着社会主义现代化的不断推进，人们的意识形态及思想观念也在发生着巨大改变，这就突出了社会主义文化建设的重要性，在当代大学体育教育事业中，对学生人文主义精神的培养显得格外重要，以体育理论知识概念为基础，建立新的教学体制，创新管理教学理念，大力发展现代化大学体育文化事业，通过多形式，全方位的将大学体育教育和体育文化相融合，强化学生的体育文化意识，全面提高学生的人文素养。

体育教育是以传统的大学体育教育和文化教育为基石演变而来的，应用到实际教学中，得到大家广泛认同。健身强国的思想到来已久，近几年来，各大高校已将大学体育和体育文化相结合的教学方案落实到实际中。大学体育文化就是说，全校师生职员在学校这个主要的空间意识形态下，以学生为主体，教师作为组织者，在体育教学，体育活动，体育竞技等过程中，以及所产生的体育道德，体育精神，体育的价值观念等文化形态的所有内容的总和。

一、大学体育文化的重要性

大学体育文化具有明显的先导作用，为教学质量的提升和学生未来发展前途做贡献。通过参与体育竞技活动，学生不仅是身体素质的锻炼，也能更好地对于学习进行思考，更能感受到大学体育文化的魅力，能够培养高校学生的人文素养，帮助大学生提高对党和国家的深刻认识；大学体育文化具有高层次性的特点，学生们接受文化教育程度较高，学校也必将建立较为完善体育器材与设施，与此同时也会配备专业体校毕业的老师指导，更多专业性体育文化教材以供学生学习使用，满足高校学生的实际需求，这极大地提高学生们接受教育的积极性，使其更为主动的投身于体育教育活动之中；体育文化教育具有前瞻性，学校会在每个学期组织各种形式的体育竞赛活动，活跃学生们的课余生活，而我们在广泛参与到学校组织的体育竞技活动中也能加强与社会的接触，与时代前沿接轨，唤醒自我社会主人翁精神，增强社会责任感，明确自身定位，为以后进入社会奠定基础。

二、大学体育教育与体育文化相辅相成的途径

创新管理教学理念，开创全新教学体系。为了保证高校大学体育教育与文化的整合顺利开展，就一定要因地制宜，根据实际教学状况制定和修改原有的体育教学制度，逐步

规范化，认真贯彻党和国家关于素质教育的各项体育规章制度，逐步改善管理教学理念以及方式，使得高校大学体育文化在新时代特色社会主义文化中依旧保持着旺盛的生命力与自我特点。高校大学体育课程的设置应该具有广泛性及延续性，保证广大学生对该项运动充满兴趣并投身参与其中，这不仅仅只局限于在校期间，而得以延续到以后的工作生活当中，待他当作一个终生的教学目标，当今高校比较普遍的体育教学课程主要有：跑步、篮球、乒乓球、羽毛球、体操、游泳、太极拳等，除此之外，多数高校只注重大学一二年级体育的教学，忽视三四年级的体育锻炼，应该适当增加一些以户外运动为主的体育教学课程，因为大四学生即将步入社会，参加到社会主义现代化的建设当中去，通过适当的体育锻炼以及文化的指引，这对于学生面对未来这个错综复杂的社会有着积极的作用。

建立体育文化部，着重宣传大学体育文化。设立体育文化交流部，很大程度上提高了学生们的组织能力，管理能力以及团队合作能力，对体育教学成果有维稳作用，建立体育文化部，首先要经过校领导的同意，校方也会时刻关注的文化部的建设与管理，为了保证文化部内部的正常运转，全体成员必将主动参与进来，进行宣传与维护，利用校刊、校报、宣传橱窗等形式，以刊登文章、图文展示等表现手法，展示文化部的日常教学成果与内容，营造良好的体育文化气氛，也可创立本部门微信公众号平台、校园体育网页，更好的贴近学生们的生活，为大学体育文化传播提供更广阔的平台。

举办校园文化体育艺术节，承办多方体育赛事。体育艺术节是以体育，健康为核心内容，全民参与为创办理念，该项节日强调以全校师生、教职员工为参与主体，结合锻炼教学、休闲娱乐为目标的体育文化活动，创新了全民运动锻炼的形式，充分调动学生们对体育锻炼的参与主动性，全面培养学生的个性发展需求，也为学生提供了一个广泛的展现自我的平台，近年来城市大学生运动会的举办就是一个相当成功的例子。然后还可以利用媒体媒介，向广大民众传播体育文化价值理念。一种理念的形成是促进具体行动的主要推动理想，学生一旦有了运动理想，进一步也就会积极投身到实际运动过程中去。因此，这种理念在社会中普遍获得了良好的反响，有效激发广大学生参与体育锻炼的积极性，充分利用体育模范的社会影响力，带动更多人投入到体育文化建设事业中去。

大学阶段的教育对学生今后的健康发展尤为重要，大学体育文化教学既锻炼了学生们的身体素质又在寓教于乐中提高了学生们的人文素养，为以后学生更好地融入社会夯实基础，因此，高校教师在现有基础上进一步促进体育教学与体育文化的有机融合，培育出更多建设中国特色社会主义的优秀人才。

第四节　高校体育文化与体育课堂教学互动

大力发展体育文化是我国"十三五"时期体育发展的目标之一，高校体育文化是我国体育文化的重要组成部分，推进高校体育文化的发展将有效促进我国体育文化的发展。

本节阐述了高校体育文化与体育课堂教学互动发展的意义,提出构建高校体育文化植入体育课堂的嵌入模式,"互联网 +"高校体育文化和体育课堂教学的驱动模式,高校体育第一课堂与第二课堂的联动模式,三大模式共同促进高校体育文化与体育课堂教学互动发展。

一、高校体育文化的内涵解析

高校体育文化既包含于体育文化中,也包含于社会文化中,我们要研究高校体育文化的内涵,首先必须对文化的内涵、社会文化的内涵和体育文化的内涵有一些基本的了解,然后逐层分析精准把握高校体育文化的内涵。

文化的内涵。文化的内涵极为丰厚,也极为复杂与广泛,不同专家及学者从不同的维度对文化内涵进行了多维的解读,提出了不同的概念。通过对不同专家与学者文化概念的梳理与总结,我们认为:文化内涵丰硕、体系庞大,从宏观维度上说它囊括了四个方面的内容,即物态文化、行为文化、制度文化及精神文化,四个方面的内容使文化的内涵更为全面、体系更为完备。

社会文化的内涵。社会文化其实就是一种社会现象,我们也可以把它看作是一种历史现象。是人类历史发展的一种体现,是人类在历史发展过程中物质财富与精神财富的不断创造、总结、积累的总和。广义上社会文化分为四层结构,他们分别是物态文化、制度文化、行为文化和精神文化。

体育文化的内涵。对于体育文化的内涵,国内外专家及学者也众说纷纭,都提出了自己的内涵界定,尚未形成统一的内涵界定。在《体育运动词汇》中提出的体育文化的内涵为:它是隶属于广义的文化,是广义文化不可或缺的组成部分,包含了通过身体锻炼来提升人之生物及精神的制度、规律、范畴及各种看得见的物质设施。体育文化是隶属于文化下位概念,是人类文化的重要组成部分之一,目前体育文化是利用身体练习提高人的生物学和精神潜力的范畴、规律、制度和物质设施。体育文化分三个层次,分别是作为思想体系的深层和作为组织体系的中层以及作为操作体系的表层。

高校体育文化的内涵。高校体育文化是指在高校校园这样一个特定的环境中所发生的各种不同的体育文化现象的总和。结合体育文化所划分的三个功能体系,高校体育文化可划分为以大学生的体育态度、价值观等体育精神文化为主的深层,以高校体育组织机构和体育制度等制度文化为主的中层和以高校体育文化资源和体育设施等物态文化为主的表层。高校体育文化具有导向性、时代性、渗透性与客观性的表征。

二、高校体育文化与体育课堂教学互动发展的意义

推进高校体育文化的发展。我国体育发展"十三五"规划明确指出,将发展体育文化作为主要目标之一。高校是高素质人才的聚集地,是文化传播的重要阵地,高校体育文化是高校的全体师生在体育活动、体育工作和学习中所创造和形成的精神财富和文化氛

围的总和。体育课堂教学与高校体育文化互动发展,将有效推进高校体育文化在物态文化、制度文化和精神文化方面的发展。

推进高校体育课程改革的发展。教育部颁布的《全国普通高等学校体育课程教学指导纲要》明确指出,体育课程是实施素质教育和培养全面发展的人才的重要途径,要求体育课程的整个教学过程既要实现体育技能传授,又要实现促进学生的身心和谐发展和文化科学教育等方面知识的提升。融入明确的高校体育文化教学内容的体育课程改革能更好地促进体育课堂教学目标体系的完成,满足体育课程改革的需要,进而推进高校体育课程改革的发展。

促进高校人才培养质量的提升。《国家中长期教育改革和发展规划纲要(2010-2020年)》明确指出:"坚持以人为本、推进素质教育是教育改革发展的战略主题,"将提升人才培养的质量作为主要任务。将高校体育文化育人更加科学系统的引入高校体育课堂教学,有效提升大学生的职业素养养成和职业核心能力的提升,将有效提高高校的人才培养质量。

促进学生终身体育意识的养成。高校是学生终身体育意识养成的沃土,高校有浓郁的文化氛围,大学时代是学生正确的人生观、价值观形成的重要时期。体育课堂是终身体育意识养成的第一课堂,高校校园体育文化活动是终身体育意识养成的第二课堂,将第一课堂和第二课堂有效连接,使高校体育文化传播途径融会贯通,有效促进高校学生终身体育意识的养成。

三、高校体育文化与体育课堂教学互动发展模式的构建

嵌入模式:高校体育文化植入体育课堂。高校体育课是学校体育的重要组成部分,也是体育文化传播的重要载体,将体育文化嵌入体育课堂教学能有效推进高校体育文化的发展。首先,高校应将体育文化理论嵌入体育课堂,这有利于发挥高校体育的实践性特点,彰显其与实践对接的便捷性。高校将奥林匹克文化、体育赛事赏析、体育制度和裁判法等内容带入体育理论课,激发学生对体育理论知识的兴趣,将有效提升学生体育文化素养。其中,高校老师可以以课堂为平台,开展多种形式的集体比赛,如篮球比赛、排球比赛、足球比赛,让学生都参与其中,不但可以大大提升学生的体育竞技水准,增强集体的凝聚力、向心力,还可以提升他们的集体荣誉感、归属感。其比赛激烈的场景,同样动人心弦,引人入胜,奥林匹克文化、体育赛事赏析、体育制度和裁判法等内容必然无形中嵌入了课堂之中,课堂与体育文化无形中实现了交融与交汇。其次,高校应将传统体育项目嵌入体育实践课,将传统体育项目如舞龙、舞狮、跳竹竿、赛龙舟、武术等作为体育课课堂教学内容,在丰富教学内容的同时发挥传统文化育人功能,引领学生体验中华民族博大精深的文化内涵,激发学生的民族自豪感。"加深大学生对传统文化的认识,感悟中华文化底蕴,陶冶情操。"其中,武术引入课堂对大学生的影响尤为长远。高校通过课堂教学把武术引入课堂,通过专业武术老师的讲解,可以有效地培育学生的武德,譬如公

正、正义、忠诚、信义等。高校教师在课堂武术教学中,形塑大学生"自强不息"及"厚德载物"的精神;引领学生形成良好的作息习惯,创新精神重塑等等。最后,高校应将中华体育精神嵌入体育课堂,中华体育精神以弘扬爱国主义为核心,倡导团结友爱、艰苦奋斗精神,将中华体育精神植入体育课堂教学过程目标体系,让体育课堂充满体育文化气息,促进高校体育文化和体育课堂教学共同发展。教师要通过体育课堂教学,把学生划分成不同国度,通过不同国度与中国的模拟化比赛,在竞赛中培育学生的爱国主义与团结友爱的协作精神,让爱国主义植入学生的内心之中,在团队配合中体悟集体的力量;培育学生的艰苦奋斗的精神。

驱动模式:互联网+高校体育文化和体育课堂教学。互联网+时代为高校体育文化的传播提供了新的平台,也驱动高校体育课堂快速发展。体育教师将体育技能知识和体育项目裁判法等内容标准规范的用信息化技术制作成微课、慕课等,将微课、慕课等上传至云课堂等学习平台,可以有效地消解传统体育课堂教学的弊端,利用学习平台实现师生线上线下的互动,缩短交流的距离,摆脱固定课堂和时间的限制,促进了高校体育课堂教学模式更加多样化与多元化,也促使学生体验参与获得的乐趣,满足人性被尊重的需求,促进高校体育文化和体育课程教学改革的共同发展。一是利用好慕课,实现体育文化与体育课堂的有机交融。教师要依据高校体育教学大纲的要求,把体育裁判法、体育技能知识融入教学课件的制作之中,开展相关的慕课开发及设计;依据体育技能的要求,精心设计切入点,精挑细选内容,让学生能看明白,能学会。慕课的前期工作完结后,教师还要依据学生的实际状况与需要,进行课前测试,如邀请部分学生观看慕课教师内容,请他们提出意见及建议,老师再修改,让最贴近学生的内容展示给学生,帮助学生形成一个完整的知识体系,满足大学生个性化、自主性学习的需求。二是利用好微课,促进高校体育课堂教学与高校体育文化的有机交融。老师可以在制作微课时,引领学生参与进来,"学生作为一支重要力量,在课程资源库建设中能够发挥重要作用,努力增强文化张力,积极发挥学生在课程资源开发中的隐性价值。"譬如共同制作微课,制作裁判法相关的内容,教师可以依托我国的各项大型比赛,提出裁判法内容的重点及难点,让学生去观察大型比赛中涉及的裁判法内容,共同进行微课的相关制作,这样体育课堂的教学目标更为清晰,分层次的展示针对性更强。同时,通过这种微课的集中展示,裁判法、体育技能较为抽象的知识就更为直观地展现在大学生面前,学生学习与掌握起来更为容易,学生的相关知识体系也更容易构建。微课最重要的功能是辅助实践教学。高校体育教师可以以课堂为实践平台,用微课作为教学手段,模拟体育技能,如篮球的投篮动作、足球的射门、跳远及跳高的标准动作等技能,用微课进行反复展示,学生也可以自己反复查看微课,进行重复化的训练,矫正自己的错误动作,这样可以有效地填补技能理论与技能实践之间鸿沟,提升体育锻炼的效果,让学生爱上锻炼,热爱体育课,高校体育文化自然而然地就融入了学生的学习之中,文化人的功效就得到了有效的释放。

联动模式:高校体育第一课堂与第二课堂。建立高校体育第一课堂与第二课堂的联动模式将有效推进高校体育文化和体育课堂教学的互动发展。课堂教学是校园体育文化开展的基础，课外体育活动是校园体育文化发展的重要表现形式。首先，推动体育物态文化的联动。在开放式的高校体育场馆附近，建设文化底蕴浓厚的体育标语和体育雕塑，实现体育器材、设备的课内外资源共享，有效提升学生体育运动兴趣，培养良好的体育行为。高校为了提升大学生热爱体育，热爱大学生校园的热情，让大学生摆脱"低头族"，可以免费多开放体育场馆，让大学生充分利用各种场馆开展运动。他们在开展运动时，就会不自觉地受到体育标语及体育雕塑的影响，这些先进的理念不断地植入他们的头脑之中，这使他们对进行体育运动的兴趣日益浓厚，良好的体育行为不断得到强化，厚重的体育文化不断滋长。其次，体育制度文化的联动，将打造体育第一课堂教学内容精品竞赛，如健美操创编比赛和武术套路比赛等活动，与打造以体育社团活动和体育文化节等为主的课外精品活动联动起来，配套建设完善的体育活动组织管理条例等，形成有力的制度保障。高校可以依据学校所在地的资源优势，如本校位于武术之乡，有武术的丰厚资源，高校就可以出台武术运动常态化的相关制度，譬如推进大学生建立武术社团，让武术在本校生根发芽，逐步成为大众化的体育运动项目。同时，建立健全比赛规则，推动武术比赛的常态化，定期进行比赛，让大学生体验武术之美，喜爱武术。高校以制度为抓手，让文化融入运动之内，彰显文化功能。最后，体育精神文化的联动，将体育运动精神的传播从第一课堂延伸至第二课堂，将奥林匹克精神、传统民族文化、社会主义核心价值观、弘扬爱国主义精神和实现中国梦的理想信念同校园体育活动结合起来，发挥体育教师精神文化引领者、推动者、践行者的作用，提升学生体育知识文化价值理念。教师可以以重大的比赛为契机，如奥运会、足球世界杯、世乒赛、世界大学生运动会等重大赛事，引导学生观看比赛，亲身体验我国运动员为了国家荣誉，不懈奋斗、永不放弃、自强不息的精神，深刻认识到中国梦不仅是这些优秀运动员的梦，也是我们当代每个大学生义不容辞的责任，大学生要凝心聚力，为中国梦贡献一己之力。

第五节　体育院校田径课教学中体育文化弘扬

田径运动被誉为运动之父，在体育院校中，田径课程是一项十分基础的课程。而体育文化作为体育运动的核心精神，在体育院校田径课教学中弘扬体育文化，可以激发学生奋勇拼搏的意志品质，培养积极进取的道德风尚，为此在本节之中笔者将结合自身的实践教学经验，对体育院校田径课教学中体育文化弘扬做出以下研究。

在体育院校中，田径练习方法的掌握，会对学生学习其他运动技术要领产生促进作用，因此体育院校教师能够帮助学生上好田径课程至为重要。而体育文化是人在体育方面制造的一切关于物质和精神文明的总和，在文化强国的社会背景下，体育院校肩负着推动文化发展的历史使命，为此田径课程也将成为体育文化的重要传播基地。

一、体育院校田径课教学中体育文化弘扬的重要意义

田径运动被认为是一切体育项目的基础，在体育院校各学科教学中，田径学科有着极其重要的地位。而体育文化作为社会主义文化的重要组成部分，是人在自身发展过程中，在体育方面所制造出的各项物质和精神文明的总和。在文化强国的时代背景下，体育院校能够以弘扬体育文化为出发点，在田径课教学中将体育文化渗透在其中是至为重要的。如一直以来田径教学都将体育技能传授作为教学重点，学生需要机械模仿教师的动作，课程教学内容枯燥，课程教学形式单一。而弘扬体育文化的田径教学以培养学生良好的道德品质、公平意识、竞争意识为出发点，不仅要传授学生体育技能，更要旨在培养学生健全的人格和积极进取的道德风尚，可以促使学生身体素质和心理素质得到双重提高，而这不仅是有利于推动体育院校田径课程教学变革的，也有助于高素质的体育人才培养，由此可以看出，体育院校田径课教学中体育文化弘扬具有重要意义。

二、体育院校田径课教学中体育文化弘扬研究

加强理论知识学习，弘扬体育文化。理论知识与技能技巧一样，都是体育教育的重要组成部分，因此在弘扬体育文化的体育院校田径课教学中，教师可以从理论知识入手，将田径理论知识与体育文化结合在一起，从而让体育文化在学生的心中生根发芽。如在理论知识教学中，教师可以告知学生，田径运动是田赛、径赛和全能比赛的全称，其中以高度、远度计算成绩地称之为田赛；以时间计算成绩的项目叫作径赛；以各单项成绩计算成绩地称之为全能比赛，在各项体育运动之中，田径运动有运动之父的美称。而这不仅仅是因为田径运动是其他体育运动项目的学习基础，更是因为远在上古时代，人们就有意识地将走、跑、跳跃、投掷作为一项生存技能，在田径运动之中体现出了"更快""更高""更强"的体育精神和人们奋发、拼搏、进取的运动品质。这样的理论知识学习，有形无形的弘扬着体育文化精神的传播。

把握课程突发状况，弘扬体育文化。在体育院校田径课教学中，学生难免会在学习过程中遇见各种各样的问题，其中比较常见的就是锻炼过程中突然受伤，而这对于这种突发状况，笔者认为也是弘扬体育文化的重要契机，因此体育院校教师要做教学中的有心人，妥善的利用好这些突发状况。如在带领学生进行田径跑步技术训练时，可能会有的学生突然在跑步训练中摔破膝盖，当这种突发状况出现时，教师先要第一时间对学生的受伤状况做出分析，如只是单纯的擦伤，则可以先用双氧水为学生清理，然后再帮助学生涂抹碘伏，最后贴上创可贴，让其他学生帮忙搀扶受伤同学回教室休息。而若是成肌肉拉伤，则应该先指导学生热敷，然后再让其他同学帮忙按摩处理，帮助受伤同学缓解疼痛。而在突发状况处理后，教师还可以让学生对此做出探讨，总结应对训练受伤的正确方法，这样的课堂不仅可以让学生学习到更多急救处理知识，同时还可以培养学生的互助精神，这无疑也是弘扬体育文化的重要体现。

创设直观教学情境,弘扬体育文化。在弘扬体育文化的体育院校田径课教学中,笔者认为教师还可以通过直观教学情境创设方式,从而调动激发学生的情绪,实现体育文化的渗透。如在笔者执教过程中,会带领学生观看一些国际田径大赛视频,这样做的目的是,在更为直观的情境下,让学生掌握更多的标准田径运动技能,同时向国际的一线田径运动员看齐,而在这个过程中,教师若是加以点拨,还可以实现渗透体育文化的目的。如在观看 2008 年北京奥运会 110 米栏比赛时,罗伯特作为最终的冠军选手,其很多技术要领都是值得学生学习的,但是笔者也会向学生提问,为何刘翔腿伤如此严重,他还是要坚持参赛,从而让学生明白田径运动虽然是一种竞技,但其中还蕴含着奋勇拼搏的积极抑制,并且还代表着集体荣誉感和民族自豪感,这是刘翔坚持参赛的原因,也是田径运动员需要具备的品格精神。

体育文化作为社会主义文化的重要组成部分,在文化强国的社会背景下,体育院校各学科教学必须要以弘扬体育文化为出发点,不断地对教学理念做出变革,这样才能培育出更多德才兼备的体育人才。而田径课程做出体育院校内的一项基础课程,田径课程应该成为体育文化的传播基地,为此在今后能够不断强化体育院校田径课教学中体育文化弘扬研究十分必要。

第六节 民族体育文化与高校体育教学融合

基于各个民族生活形成的民族体育文化具有浓厚的民族特色和娱乐色彩,从根本上来说民族体育内容和形式较为丰富,是高校快乐体育与终身体育开展的重要财富。民族体育文化与高校体育教学融合,对提高学生体育学习兴趣、丰富高校体育教学内容、改进体育教学模式具有积极的作用。因此,本节将从民族体育文化与高校体育教学融合的重要意义出发,指出当前民族体育文化与高校体育教学融合存在着民族体育文化意识不强、民族体育教学师资力量不足、民族体育资源利用不充分、高校开展民族体育教学经验不够等问题,要推进高校体育课程改革,加强民族体育资源体系建设,培育专业化民族体育师资队伍,举办民族体育文化活动,为创新高校体育教学模式和内容提供依据。

民族体育文化沉淀聚集了众多民族在不同地理环境中生活与风俗习惯等内容,民族体育文化包括丰富的内容与文化娱乐方式,具有浓厚的地域色彩和民族特色。民族体育文化为高校体育教学提供了丰富的内容资源,但是受高校经济条件、思想观念等的影响,高校利用民族体育文化开展体育教学还不够,部分高校在引进民族体育文化资源过程中仍然采用传统的体育教学模式,没有立足于体育教学实际情况与民族体育特点推进高校体育教学改革。要改变这一落后的模式,就必须促进民族体育文化与高校体育教学的融合,改进民族体育教学的思想观念,结合民族特色改善高校体育教学模式,寻找民族体育文化与快乐体育、终身体育的结合点,为改进高校体育教学现状创造条件。

一、民族体育文化与高校体育教学融合的重要意义

（一）民族体育文化为高校体育教学提供了重要的资源

首先，民族体育具有浓厚的健身性、娱乐性和观赏性功能，对大学生体育教学提供了丰富的内容资源。民族体育项目来源于民族人们生活、劳作、娱乐等方面，所体现出来的体能、技能等内容与体育运动教学内容非常契合，与新时代全民健身与大学生强身健体的需要不谋而合，较强的娱乐性和趣味性可以愉悦大学生的身心。其次，民族体育文化内涵丰富，对大学生继承和弘扬民族文化具有积极的意义。民族体育文化根植于民族特定的地理环境和人文环境中，在悠久的文化历史中民族体育运动是每一个民族人们生活习惯、劳作、风俗等的体现，体现了较强的民族人文精神、生活价值。民族体育文化是我国优秀传统文化重要的资源，对新时代大学生积极向上、艰苦奋斗与团结合作等优良品质的培养具有积极的作用，也可以以民族体育文化为载体来增强大学生的民族自豪感与文化自信，可以更好地弥补高校竞技体育教学的缺陷。最后，民族体育活动具有丰富多样的形式，从根本上来说体育运动器材要求简单，对于高校来说非常经济实用。目前高校现有的体育器材和场馆设施建设等与大学生体育运动需要还存在着较大的差距，而很多民族体育项目都是从民族人们生产生活中产生的，对体育器材和体育场地要求不高，加强民族体育活动的趣味性可以更好地满足大学生对体育活动和锻炼的要求，从而弥补了高校体育教学设备资源的不足。

（二）高校体育教学为民族体育文化传承创造了条件

首先，高校体育教学为民族体育文化传承提供了高素质人才。高校为高素质人才培养提供了阵地，大学生经过四年的学习成为高素质人才，为继承和弘扬民族体育文化提供了重要的载体，同时也承担着继承和弘扬优秀传统文化的任务。目前，民族体育文化传承困境和危机急需要解决，民族体育文化与高校体育教学融合正好弥补了这一遗憾，对激发大学生对民族文化传承和保护的决心具有积极的作用，通过大学生的宣传和传播可以让民族体育文化越来越繁荣。其次，高校体育教学为民族体育文化传承提供了平台。民族体育文化传承需要人才和平台，高校体育教学需要丰富的体育内容资源作为支撑，而目前高校体育教学中存在着体育教学内容落后的问题，民族体育文化传承缺乏一定的平台和途径，高校体育教学为民族体育项目发展提供了平台。最后，高校为民族体育文化的学术研究提供了重要的依据和条件。目前我国关于民族体育及其民族体育文化的学术研究内容还不多，主要集中在不同民族地区体育活动的研究，关于民族体育与文化研究还没有形成成熟完整的体系，理论研究与应用研究深度与广度还有待提升。高校容纳着一大批高素质专业化的学术研究人才和学者，在教育资源和学术资源方面具有不可比拟的优势，民族体育文化与高校体育教学融合可以利用高校体育师资力量推进民族体育的学术研究。

二、民族体育文化与高校体育教学融合存在的主要问题

民族体育文化意识不强。民族体育文化与高校体育教学融合面临最突出的问题就是高校师生民族体育文化意识不强。体育活动全球化严重影响了民族体育文化的发展和传承，无论是奥运会还是国际体育赛事主要是以西方体育竞技项目为主，这使得我国高校体育教学内容也主要以竞技体育运动项目为主。新时代人们具有较强的竞技体育观念，体质健康观念深受竞技体育的影响，民族体育文化意识淡薄，高校师生也没有主动承担起民族体育文化传承和保护的重担。由于高校师生对民族体育文化存在着认识偏差，大大增加了民族体育文化在高校体育教学开展的难度。

民族体育教学师资力量不足。受高校竞技体育与其他因素的影响，目前我国专门进行民族体育教学的高校少之甚少，虽然有部分高校在全民健身与民族体育文化传承的号召下开设了部分民族体育专业与课程，但是从现实情况来看还没有配备一支高素质专业化民族体育师资队伍，也缺乏专门的人才培养机制。再者，目前高校从事民族体育教学的师资力量主要是其他竞技体育项目教师任职，部分专业师资力量也是聘请的兼职人员，从根本上来说无论是数量还是质量方面，从事民族传统体育教学的师资力量都非常缺乏。

民族体育资源利用不充分。长期以来高校一直是以竞技体育内容为主，在开展民族体育教学方面认识和经验不足。新形势下虽然高校体育教学改革正在大力向民族体育内容延伸，但是由于民族体育教学经验不足导致民族体育资源利用不充分，在体育课堂上体育教师还难以高校开展民族体育活动。同时，高校也没有合理利用运动会、体育节开展一些与学生体育运动兴趣相符合的活动。

高校开展民族体育教学经验不够。我国少数民族在劳动生活中创造了内容丰富、形式多样的民族体育项目和活动，具有浓厚的地域色彩与民族特色。不同的少数民族具有多种民族体育项目，但是高校体育教学高度重视竞技体育，在选择民族体育项目过程中主要是选择少数竞赛项目，对于集娱乐性、趣味性、竞技性等于一体的民族体育项目引进不足，使得高校开展民族体育教学经验不够，这也造成了高校民族体育教学不科学的问题。

三、高校体育教学与民族传统体育资源整合的对策

加强民族体育资源体系建设。首先，要动员高校体育师资力量投入到当地民族风情与民族体育文化项目研究中来，挖掘集多种功能于一体的民族体育项目，并结合当代大学生心理特征和学习兴趣来编写不同项目与不同阶段学习的民族体育教材。其次，以新课程标准为依据进一步收集、整理和筛选民族体育项目，结合高校体育教学改革需要打造具有民族特色的体育教学体系。最后，结合体育运动项目分类如室内与室外项目、冬季与夏季项目、低年级与高年级项目等来分类和筛选民族体育项目，整合民族体育项目

资源,推进全民健身中高校体育教育资源体系的建设。

培育专业化民族体育师资队伍。民族体育文化传播与弘扬仅仅依靠高校这一平台是远远不够的,还需要一支高素质专业化的民族体育师资队伍作为支撑。培育专业化民族体育师资队伍,健全民族体育师资队伍的培养机制迫在眉睫。高校要根据实际情况开设新的民族体育课程的基础上,要动员力量和投入资金去挖掘和聘请民族体育专家和能手。一方面,促进他们进入到高校体育教学师资队伍中来,为夯实高校民族体育教学师资力量的基础创造条件。另一方面,以培训班、研讨会、实践活动等途径加强对高校现有体育师资队伍的培训,进一步转变高校现有体育教师队伍的教学观念,提升和巩固关于民族体育教学知识和技能。此外,还要创造条件组织优秀的体育教师到民族地区去感受和进行学术研究,为民族体育文化与高校体育教学融合搭建平台。

深入推进高校体育教学改革。推进高校体育课程改革是合理开发和利用民族体育文化资源的基础与前提条件,对民族体育文化与高校体育教学更好地融合发展创造了条件。目前部分高校正在想方设法推进体育教学改革,并积极挖掘和开发本土民族体育活动项目到高校体育课程体系中来。但是目前我国高校体育教学内容主要以竞技体育项目为主,要改变这一局面只能结合民族体育文化特点和特色促进体育教学改革,让高校真正成为民族体育文化传承和弘扬的平台。同时,为了民族体育文化在高校体育教学中得到可持续地利用和发展,还需要建立完善的民族体育教学评价体系,以教师互评、学生评价等方式来促进民族体育文化稳定发展。

举办民族体育文化活动。要让大学生成为民族体育文化的传承者和保护者,高校还需要举办丰富多样的民族体育文化活动,为增强大学生对民族体育文化认同感创造条件。一方面,要合理利用体育教材,将民族体育文化渗透在体育教学的方方面面中,以教材来增强大学生对民族体育文化的认同感,更好地宣传与普及民族体育文化知识与活动项目。另一方面,要合理利用学校体育课堂、运动会、联谊赛、友谊赛等开展丰富多样的民族体育活动,让大学生深入挖掘民族体育文化内容,增强民族体育文化认识的基础上,在民族体育文化中去继承、借鉴与创新,为推动民族体育文化繁荣发展创建更好的平台。

民族体育具有浓厚的健身性、娱乐性和观赏性功能,体现了较强的民族人文精神、生活价值,具有丰富多样的形式和内容,民族体育文化为高校体育教学提供了重要的内容资源,弥补了高校体育教学设备匮乏的不足,对丰富高校体育教学内容和改进体育教学模式具有积极的作用。同时,高校体育教学为民族体育文化传承提供了高素质人才和平台,为民族体育文化的学术研究提供了重要的依据和条件,为更好地传承和弘扬民族体育文化创造了条件。但是,目前民族体育文化与高校体育教学融合过程中还存在着师资力量、教学经验、资源利用等问题,要坚持问题导向,结合民族体育文化特色推进高校体育课程改革,加强民族体育资源体系建设的基础上开发和增设民族体育课程,引进培育一支高素质专业化的民族体育师资队伍,并利用运动会、友谊赛等举办丰富多样的民族体育文化活动,为民族体育文化与高校体育教学全面融合创造条件。

第七章 体育教学与体育文化融合的创新研究

第一节 体育素养下的高校体育教学文化品格

本节采用文献资料等，通过分析高校体育教学文化品格的弱化原因，基于体育素养下对高校体育教学文化品格培育展开了探讨。体育教学的文化品格的提升，很大程度上取决于，高校体育教师对文化品格的塑造以及学生对体育文化品格的理解。但是就现今的体育教学现状而言，大部分高校的体育教学过程中，对体育文化教育功能不够重视，这就导致我国的体育教学文化品格的生成和塑造有着很大的困难，同时也导致当前大学生体育素养的缺失。各大高校积极进行体育教学内容和教学方式的创新以及改革，着重突出体育的文化教育功能，才能通过充分利用体育教学文化品格的提升，来提高当前大学生的体育核心素养。

体育运动具有交际性、竞技性和观赏性等几个方面的特征，在高校体育教学中，往往会牵涉到多个方面的文化品格。在当前高校体育教学当中，要大力倡导提高大学生体育核心素养的发展背景下，通过在高校体育教学当中，加强注重对大学生文化品格的教育，不仅能够更好地教育大学生形成良好的品格，而且还能够弥补传统体育教学中的一些弊端。因为，体育教学的文化品格，包含了精神文化、生命文化、审美文化以及民族文化等多方面的品格。通过在高校体育教学当中积极进行文化品格教育，不仅有利于帮助大学生养成良好体育习惯以及形成良好的体育意识，并且还能使大学生的精神世界更加丰富。因此，高校的体育教学不能只注重单纯的技能训练，还需要加强文化教育的导入，这样才能为大学生营造一个人性化的学习环境，有效提升当前大学生的体育素养，为我国的体育文化的传承和体育的发展奠定良好的基础。

一、当前高校体育教学文化品格弱化现状

受当前多元化文化观、教育观等影响，当前高校体育教学文化品格出现被弱化的发展现状，其主要体现以下几种现状：

体育教学文化品格不被重视。随着当前现代体育项目的多样化发展，我国高校体育课程设置了也涵盖了多个方面的内容，可以说当今高校体育教学的文化品格教育也具有多元化的特征。多元化的文化品格需要教师利用更多的时间对学生进行引导和教育。但是就目前的状况而言，我国高校设置的体育课程授课时间非常少，而且体育教学理念也相对滞后，这就给体育教师带来了很大的困难，只能以基础的技能教学为主，而忽视了

对学生的体育文化培养。

体育教学理念相对滞后。我国高校设置体育课程，其主要目的是为了保证学生身心素质的良好发展，为学生后期的学习和工作奠定良好的基础。由此可见，高校体育教学在教育中具有极其重要的地位，也有着很好的文化育人功能。体育课程与高校的专业课程相比而言，教学理念比较之后，课程时间较短，大部分师生对体育课程的重视程度不够。出现这种问题的原因具体有两个方面，一方面是我国大部分高校将体育课程安排在大一和大二年级，之后就不再安排体育课程，这就导致高校体育教学缺乏持续性，文化品格的系统生成受到了不利的影响。另一个方面，高校体育课程以显性教育为主，但是对于文化品格等隐性教育不够重视，甚至出现了一些脱离学生实际生活的体育课程，这不仅不利于学生体育情感和身体意识的培养，而且还影响了人性化的体育学习环境的营造。

过分重视体育技术教学。由于高校的体育教学时间是有限的，所以教师往往会根据自己的重视程度来安排体育课程的讲解。一般情况下，体育老师在制定教学计划和教学内容时，总是以技术教学为主，而忽略了对学生文化品格的培养，这样容易导致教学氛围比较枯燥乏味，学生对体育课程的热情度不够。除此之外，现代教育为了迎合学生的学习需求，过于倾向于游戏化、随意化和活动化，这虽然在一定程度上满足了学生体育学习的个性化需求，但是却逐步陷入了没有重点的教学困境。要知道，如果缺乏精神内涵和人文教育的培养，体育教学中文化品格的塑造是很困难的。

体育教学存在功利思想。虽然现代高校的教育不提倡"达标教育"，但是根据目前大部分高校的教学评价体系现状，还有一些学校在搞"达标教育"。多数学生学习体育课程，只不过是为了拿学分和奖学金，而不是想学到真正的技能和知识。这就使得功利思想出现在体育教学课程中，无论是学生还是老师都会受到严重的功利思想的影响，这就在潜移默化中弱化了体育文化品格的教育。与此同时，功利思想使学生和教师只注重于学习成绩，却对体育教学中的情感素质、精神状态以及文化品格有所忽视，这样不仅限制了体育素养下高校体育的发展，也不利于高校体育文化品格的塑造。

二、高校体育文化品格实施的意义

在日常的生活中，人们讨论起来关于体育方面的东西，不论是体育课程还是体育专业甚至是体育竞技，往往只知道其动作和技巧，而忽略了体育中所蕴含的文化品格。对于高校大学生来说，都比较喜欢体育项目，大部分学生之所以喜欢体育，是因为在体育运动中能带给自己喜悦感，或者是从小到大形成的一种习惯，而真正是因为体育文化喜欢体育的人寥寥无几。

在高校的体育教学课程中，一般将文化课分为两类，即体育外在的审美文化以及体育内在的生命文化。经常进行体育运动的人能够看出来他的身体外在变化，这就是人们常说的形体美。但是这种外在形体美没有统一的定论，有的人将健康作为外在美，而有的人将健壮作为外在美。现在是一个多元化的时代，正是由于体育外在美的多种表现形式，才吸引了性格不同的大学生。随着时代发展，学生的性格逐渐多样化，在高校体育教育重视学生个性化培养的前提下，体育文化的外在表现极大地满足了学生的发展需求。

另外一个体育的内在文化是需要长期的体育学习才能表现出来的，经过长期的观察调查显示，每个人在运动的时候身体内部都会产生化学反应，这种化学反应往往会改变人们的精神面貌，长此以往就会在潜移默化中改变人们的生活方式。其实积极稳重的人往往是喜欢体育运动的人，因为在长期的体育学习中能够形成这种气质上变化，而现代大学生正是需要这种气质。同时体育的内在文化还可以逐渐改变人们的懒惰心理，这样生活才更有计划性。由此可见，在高校的体育教学中，文化品格在不同的层面上对学生有着极其重要的意义。

三、基于体育素养下的高校体育文化品格的提升路径

制定体育教育的文化目标。为了促进高校体育教学的可持续发展，提高大学生的体育核心素养，需要对高校的体育教学目标进行调整和优化，尤其在体育教育的文化层面上需要进行不断的完善。只有全面提升高校体育教学的文化品格教育，才能彰显出体育核心素养下的大学生文化品性。在制定教学目标的时候，首先，要注重传统的体育技术教学目标，然后，结合具体的教学环境制定社会文化目标。对于现代社会而言，体育教学的文化实践是非常重要的，不断加强文化品格的教育有利于将体育教学中的隐性教育与显性教育结合起来。这样一方面，能够丰富高校体育的教学内容和教学方法，使教学管理系统更加科学化和人性化。另一个方面，还能够营造一个更加具有文化气息的学习环境，使学生在乏味的体育运动中受到文化的熏陶。制定合理的体育教育目标，可以促进高校体育教学从单一化走向多元化，从功利化步入人性化，这是一个积极的转变，也是一个有利于学生良好发展的局面。

逐步贴近学生的文化需求。在当前大部分的高校体育课堂教学当中，虽然设置了很多不同的体育项目，但是一些项目却没有完整的设施，这样一来，能够为大学生提供自主选择的项目也就寥寥无几了。同时，单一的体育项目对于学生的教育功能是有限的，尤其是在文化品格方面。针对这种体育教学的现状，各大高校应该吸收多元化的体育教学内容，不断优化升级为学生制定的课程体系，同时，要保证尽可能多地选择一些贴近学生实际生活和文化需求的体育项目，将这些体育项目进行趣味化的教学设计，使得高校的体育教学更加多元化和人性化。体育教学的文化品格具有开放自主的特点，从多方面满足学生的文化需求能够有效改善现代高校的体育价值观。

注重体育教学中的情感交际。根据现今的实际教学情况来看，大部分体育活动的开设都是一个集体活动的过程，在这个过程中往往需要加强学生和老师之间的情感交际以及体育交际，这就是通常所说的交互式课堂。交互式的教学模式有利于高校体育文化品格的塑造，能为此提供有效的时间和空间。在这个教育事业不断完善的时代，高校应该

积极打破传统的封闭式的教学模式，将精力更多地用在互动性强、集体性强的体育项目教学中。这样有利于促进学生的全面发展，使学生在丰富的情感交际中受到文化的熏陶。

在体育教学中侧重于情感交际的项目有很多，比如"信任摔背"、"依存共渡"以及"孤岛求生"等等有趣的拓展项目。积极开设此类项目有利于促进学生之间或者学生与老师之间的信任感和依赖感，有效减少或者避免学生在体育课中的自我行为。不得不说，注重情感的体育教学是文化品格塑造的基础，学生在集体的合作中以及接触中能够产生积极的文化情感，这样塑造出来的体育文化品格才更加立体化。

完善体育教学评价。虽然我国高校的教学评价一直在休整和完善，但是仍然有很多方面存在着弊端，就比如学校尤其重视期末的考试成绩，而期末考试的内容主要是学生的体育技能素质。但是对学生在体育课堂学习中出现的运动情感，收获的文化精神以及团队精神却不够重视。事实上，各个方面的收获都是很重要的，都对于学生未来的工作能够有着很大的帮助。所以基于体育素养下的高校体育教学评价，需要做到过程性评价与结果性评价的良好结合，在注重考试成绩的同时也要关注学生在学习过程中的其他收获。这样不断拓展多元化的教学评价，有利于现代大学生激发更浓厚的体育学习兴趣，充分调动学生的积极性，展现出多角度的体育文化品格。更重要的是，高校的体育教师还可以积极引导学生进行相互评价，学生之间的相互评价能够营造一个平等和谐的教学环境，同时提高体育文化品格的塑造。

将体育文化品格融入体育技巧中。随着计算机网络技术的逐渐成熟，各种各样的体育技巧在网络上广为流传，但是，不少高校的体育教学却仍然保持着传统的方式。大部分高校在体育课堂中教授的热身操运动一直是一套动作，在技巧上丝毫没有改变，动作单一导致学生没有兴趣。针对这种现象，高校的体育教学应该做出一定的改变，应以学生的需求为主，遵循多元化的体育教学，可以将网络比较热闹的热身运动，融入教学当中并分为具体的身体部位进行锻炼。比如，从腹部、手臂、腿部等部位开始，制定简单又有效率的锻炼动作进行锻炼。教师可以让学生自己选择喜欢的项目进行练习，这样做能够使体育的外在文化极好地融入课堂教学中。对于体育的内在文化，就可以通过现实的情况进行相对应的文化教学。例如，对于那些极度肥胖的学生，可以适度加大体育锻炼的强度，这样除了能够有效改变大学生身体外形，还有利于提高学生的自信，让学生的生活方式和思想观念的改变。

总而言之，高校体育发展过程中，需要不断对体育文化品格进行思考，这既是高校体育建设的重要内容，同时也是校园文化传播的有效途径。随着社会教育事业的不断发展，高校体育文化逐渐呈现多元化的形式，基于当前体育素养下，国内各大高校需要重视对文化品格的思考，不断突破传统观念的束缚。教育环境的好坏影响着学生学习的效率，所以营造个"以人为本"的教育环境是极其重要的，通过完善体育教学评价，注重体育教学中的情感交际，逐步贴近学生的文化需求，逐步贴近学生的文化需求等方法不断塑造学生的体育教育文化品格，促进学生的身心健康协调发展，提高学生的体育核心素养。

第二节　体育教学文化品性的应然与培育

体育教学除承载强身健体、娱乐身心的功能之外,更是蕴藏着丰富多元、表征宽广的文化品性,因此,体育教学理应蕴含生命文化、彰显精神文化、蕴藏美学文化与折射民族文化。但当前,受教学工具主义和功利主义的影响,体育教学文化品性又面临着人性的迷失、技术的追逐、功利的诱惑等困境,需要在教学目标上注入文化品性,在教学内容中融入多元文化,在教学过程中拓展交互空间,在教学评价上体现科学人性。

从传统观点来看,体育教学承载的是强身健体、娱乐身心的功能,其更多的是被置于教育教学的一种固有形式与学科属性,体育教学之中蕴含的文化品味与文化品格长期以来是被忽略的。但其实,体育教学作为教育和体育文化承接与传播的重要载体,是蕴藏着丰富多元、表征宽广的文化品性的,只是由于当前受来自社会和大教育环境等多重因素的影响与制约,体育教学被赋予更注重于追求技巧、成绩等显性功利性价值,而其文化内涵则一定程度上被人们所忽略与异化。在大力提倡素质教育与人的全面发展的今天,将体育教学置于文化的宏观视野中重新进行审视,对于重新重视体育教学的本原属性、还原体育教学的文化功能具有重要的意义。

一、体育教学文化品性的应然

体育教学应蕴含生命文化。在体育科学高度发达的今天,人们对于体育运动与生命及其内在精神之间的关联认知越来越清晰,人们观赏、参与体育运动,从而对于生命的含义、生命的极限、生命的价值等愈加珍视。而从历史传统来看,中西方都认可体育是一种生命文化的表征。儒家文化中,孔子在礼、乐、射、御、书、数的六艺教育中,强调了射和御的教育,强调了礼乐和射御的结合,达到造就文质彬彬、尽善尽美人格的境界。孟子和荀子则提出了形神兼具、以动养生,学以致用、技贵于精,公平竞赛、广招贤才等体育思想。道家创始人老子则提出法道、贵柔、重啬、节欲、守静的体育思想。从儒家、道家的体育倡导中可以看出,其都强调体育对于生命的发展的意念性、道义性及和谐性。因此,体育教学天然蕴藏的这些生命文化需要在教学过程中予以展现,让受教育者能够在教学中对生命文化有所感悟、有所内化。

体育教学应彰显精神文化。体育精神是体育活动中因个体或群体内在意志或思想朝积极方向延展并能够对他人或社会群体产生一定影响力的作风与意识,不管是竞技体育还是群众体育,体育精神的产生都是体育活动在长期的实践过程中自然孕育产生的。总体上来说,体育精神包含很多种类,是立体多元和丰富多彩的,其主要表现在:一是拼搏精神,即发挥人的意志力和信念力,在体育活动中拼尽全力、战胜自我、超越自我、勇往直前的进取精神;二是团结精神,即在体育活动中,与他人精诚合作或融入团体之中,积极认真地完成体育实践赋予自己的责任,共同达成特定的体育目标;三是友爱精神,即在体育活动中关心人、理解人、尊重人、帮助人,形成互帮互助、相亲相爱的友好氛围;四是科学精神,体育活动要遵循基本的身体与运动科学规律,在技战术安排、运动时间与空间、运动技巧等,都蕴含着科学精神。因此,体育所包含的这些体育精神都理应在体育教学之中予以彰显与体现,既要将其充盈到教学活动过程之中,又要有意识地对教学对象进行输送与培育。

体育教学应蕴藏美学文化。体育活动作为一种展示人的体魄、智慧与精神的实践活动,本就蕴藏着丰富的美学元素,具有较高的审美价值、观赏价值和艺术价值。一是体育活动展现了人的形体之美,人们通过体育运动强身健体,能够塑造出符合现代人审美观的健康体魄与优美身形;二是体育活动展现了人的竞技之美,体育运动尤其是高水平竞技体育运动,以其高难度、专业化、接近人的身体极限等充分展现了人类对身体能力的追求,在不同的运动项目中展现了不同的竞技景观,满足了不同人群的竞技审美;二是体育活动展现了人的艺术之美,优美的体育动作,健美的肢体语言、紧张的比赛节奏和扣人心弦的竞赛过程都给人们以美的享受,还有比赛现场的环境、色彩、灯光、音乐,运动员的服装,啦啦队的舞蹈,甚至随着比赛的进行人们欢呼、呐喊尽情地释放自己的情绪,这都是美的形式,是艺术性的体育表现;体育活动之中所蕴藏的这些多层次、多维度的美学品味要求在体育教学之中予以展现,使受教育者能够学会审视体育的美学意义,提高自身的审美情趣与审美能力。

体育教学应折射民族文化。体育既是世界共通的语言,也是民族特性的表现,任何一项体育活动都有着特定的民族性和文化根源,都是从特定民族文化根基上产生并最终走向世界的。因此,民族文化是体育活动的最深层基因与密码。我国不仅有享誉世界的强国体育项目,还有众多体现各民族特征的民族体育、传统体育和群众体育,都折射着中华民族传统文化的优秀品质,体现的是中国传统文化中追求天人合一,强调的是人体发展与社会、自然的和谐之道,注重形成的是由内而外、由表及里的体育文化的升华与塑造,要求人在体育锻炼中生成人的精神品格、自我涵养和自醒品质。在体育教学之中,必须要把中国传统体育文化所追求的这些优异因子渗透到教学过程中,使受教育者在体育活动之中体验民族文化和传统文化,增强体育的文化觉醒与文化生成。

二、体育教学文化品性的困惑

体育教学对人性的迷失。教育的目的在于培养人、塑造人,体育教学作为教育形式的一种,必然也要遵循这一基本教学规律,在教学中更多地将重点放在人本身上。但在实际教学过程中,"见物不见人"、"见技不见人"的现象比比皆是,人性与文化的缺失成为普遍。其主要表现在:其一,课程认知的单一化,社会、学校简单将体育教学界定为增强体质、传授技艺、娱乐身心的课程,认为其只要完成相应的课程内容即可,对人在体育教学中的主体性更加不予重视;其二,教学内容被固定化,体育教学应该是内涵丰富、文化多元的,但是实际教学中却被相应地肢解为固定的知识技能与运动技巧,学生一般只能被动地接受相应的教学内容,而缺失参与权、主动权;其三,教学空间被局限化,体育教学基本上都被限定在学校教育制度体系之中,往往与地方体育资源、体育文化传统等脱节,对于人的社会活动空间漠视,进而使受教育者感受不到更具感性和人性的体育内涵。

体育教学对技术的追逐。体育教学理应是充满生命张力和彰显文化魅力的课程,是让人能够在体育活动之中既强健身体,又能够感受体育的魅力与精彩,但当前我国体育教学深受技术主义的影响,尤其是在应试教育和追逐竞技成绩的大背景下,教育者普遍持较强烈的技术教学观,对体育的文化品性与文化张力视而不见,这极大地限制了体育文化的彰显。通常,在体育教学目标的设定上,以某一项技术的达标作为最终取向,重视"术"而忽略"道";在体育教学过程中,一方面重视技术的讲解、演练与训练,以受教育者掌握技术为主要培养过程,另一方面部分教师采取"放羊"式管理,以"活动化""游戏化"为主要教学形式,学生很难从课程中感受到体育美感;在体育教学评价中,一般是硬性指标作为衡量标准,融入文化评价的弹性评价比较少见。

体育教学受功利的诱惑。"功利主义"的核心思想在于以实际功效或利益作为道德价值的基础和最高标准,认为追求和实现人的幸福和利益是人们行为的最根本目的,趋利避害、趋乐避苦是从共有的自然本性和行为的必然选择。在当前以应试教育为主流的教育环境中,体育教学往往被置于边缘位置,这也是导致其文化功能难以发挥的重要原因之一。而更多的功利主义倾向则体现于实际的体育教学之中:一是体育被赋予了宣传的功能,很多学校寄希望于体育人才的选拔与培养,在短期内通过学生在体育比赛或体育项目中获得名次来彰显其办学实力,从而获取宣传资本,以提升其学校的知名度和美誉度;二是体育被赋予了利益色彩,众多体育教师以学生在体育赛事中获得的奖牌及名次作为职称晋升、奖金分配的砝码,日常教学中仅关注学生的体育技能提升,而忽视其文化内涵的培养;三是体育被赋予了升学杠杆,众多家长寄希望于通过子女的体育特长作为升学的"捷径"或"加分项",向体育教师传达其迫切的功利心态和升学需求,致使体育教学承担着满足"升学"意愿的功能。在这种功利驱动和浮躁心态的双重压力下,体育教学的文化属性渐被后置,体育教学沦为了现实功利的工具。

三、体育教学文化品性的培育

体育教学目标:注入文化品性。体育教学目标规定着发展方向和最终要达成的教育培养取向,是体育教学运行的"牛鼻子"。而体育教学要完成文化品性的注入与养成,必须要全面修订、更新教学目标体系,要将文化品性作为体育教学的逻辑起点之一,将体育的各文化元素在人的发展中的作用与功能完整地体现于教学目标之中,使文化实践成为体育教学的常态,有利于彰显体育教学在人的成长过程中的文化价值。

体育教学内容:融入多元文化。要将体育的多元文化融入体育教学之中,要从社会现实与生活旨趣出发,建构体现文化要点的内容体系和教学形式:一是体育教学内容要输入学生生活世界。教育者要在调研的基础上充分发挥地域性、民族性、传统性比较强的体育文化资源，研究学生对体育活动关注的热点与焦点，创造或借用能够有效吸引学生兴趣能引起共鸣的体育教学内容，增强学生对体育教学的热情和主动性，并能够在参与中收获文化感知；二是体育教学内容要体现差异性，学生对于体育追求的精神世界与文化取向是有着较大差别的，要在尊重学生个体差异和精神需求的基础上以小组或团队的形式设计教学内容，往往能够让学生在课堂中享受到体育的快乐与享受，从而在精神上产生满足感；三是体育教学内容要多样性，体育教学并非是完全的以身体活动作为全部的教学内容，亦可穿插介绍讲解一些体育常识、体育故事、体育人物等内容，甚或可通过选修课的形式展现体育医学、体育科学、体育艺术等学科形式，也能够增长学生的体育文化视野。

体育教学过程：拓展交互空间。体育教学价值取向的转换，即要从传统具备单纯工具性课程转向兼备文化培养的复合型课程，表明其必须要从过去封闭式、单向度的直线性课程，转向主客体互动、动态式调整和注重文化培养的课程。而这种转换更多地要在教学过程中予以体现，其一，体育教学主客体要充分互动，要抛弃过去教师完全主导教学过程，以活动式或项目式的教学活动为主线，教学的目的是实现教师布置的任务，而应该是师生充分商讨，双方以协商、合作、对话、交流、碰撞的方式共同来确定教学体系，在教学过程中，双方能够相对以平等、自由的姿态来完成教学活动；其二，体育教学互动要实现精神升华，体育教学过程不能仅仅是技术、技能的训练场，在完成相应运动知识与运动技巧教学内容的同时，双方还要探讨体育精神、体育情感，在充分互动过程中实现彼此精神上的体验与升华；其三，体育教学时空要纵横延伸，体育教学的信息传达过去仅仅局限于课堂，要促进体育教学文化的渗入，就要逐渐打破这一时空局限，创设更多的体育教学课外实践及教学时间，鼓励学生通过自学与自我锻炼的方式将课堂延伸至课外，将体育文化融入学生的日常体育观感与实践中。

体育教学评价：体现科学人性。体育课程作为一种异于以文化知识为主要取向的特殊课程，长期以来在教学评价被同化为普通课程，过于追求标准化评价、终结性评价，对于学生在体育教学过程中的习惯养成、情感体验、课堂态度等缺乏足够的介入。要促进文化表征在体育教学中的实现，必须要改变这种现状，实行多元差异化的评价体系。一是树立文化教学评价。体育教学评价理念决定着评价方式和评价手段，评价理论要突破传统观念，将教学功能定位于强身健体与文化自觉生成的综合体，更加注重体育文化要素在学生受教育过程中的渗透程度与效度；二是拓展评价内容，更加强调学生在体育教学过程中的知、情、意、行的综合文化评价，引导学生树立生命文化，注重弘扬体育精神，增强体育审美情趣，从而帮助学生建构完整、全面、和谐的体育教学认知；三是更新评价手段，体育教学评价要在以科学性和多样性评价的基础上，按照设定的教学目标、教学内容、学生的实际需求等，综合运用动态评价与静态评价相结合、过程性评价与结果性评价相结合、定性评价与定量评价相结合、专项性评价与综合性评价相结合的方式，建构一套科学化、人性化的体育教学评价体系。

第三节　从阳光体育文化审视高校体育教学改革

阳光体育文化是在开展阳光体育运动的背景下提出来的,对于我国高校体育教学改革来说是一场革命性的活动。在阳光体育文化的倡导下,高校的体育教学改革无论是在教学的基本出发点上,还是在体育教学模式和教育观念等方面都会受到相应的影响。高校的体育教学改革能否在阳光体育文化的影响下有新的突破,怎样推进高校教学改革是一个值得深思的问题,而阳光教育的新理念和新思路给了我们一点新的启发。本节从阳光体育文化背景出发,分析该背景下高校体育教学当前存在的问题,并针对问题提出推进高校体育教学改革的相关措施建议,以供探讨。

阳光体育文化是国家体育总局和教育部在 2006 年共同提出的一种新体育教育理念,在全国范围内实施开展阳光体育活动,并将阳光体育理念引入高等教育理念中来。高校是培养高素质人才的摇篮,大学生身体素质的高低决定着社会人才各方面素质的高低,是提升大学生综合素质的基础,因此将阳光体育文化贯彻执行是提高高校培养大学生综合素质的必然要求。由教育部和国家体育总局共同发布的《关于开展全国亿万学生阳光体育运动的决定》可以看出,全国各级各类学校中积极开展阳光体育运动的力度是不断加大的,结合《学生体质健康标准》提高大学生体质健康水平已成为高校体育教学的重要目标。从正式启动到现在已经过去了十年,阳光体育运动对高校的体育教学带来了怎样的影响,是否能跟随社会经济的进步对体育教学产生持续的影响力,本节试做简要分析。

一、阳光体育文化的内涵和意义

体育运动是人类在适应自然和社会时以身体锻炼为基本手段的一项活动,目的在于改善自我身心健康水平和激发自我潜能,以适应不断变化发展的社会生活。阳光体育运动是基于"阳光"的寓意下开展的有特定目的的体育运动。从阳光体育运动的构成来看可以分为物质和精神两个部分,物质也就是硬件设施方面,这部分包括跟体育活动开展有关的体育设施设备、体育场馆寓所、体育器械和体育工作人员等;精神的部分是较为抽象存在的,保证各项体育活动顺利进行的与体育相关的规章制度、思想意识和体育文化等。阳光体育教育是注重体育教师关爱、注重学生个体发展的一种教学理念,是改变师生关系、打破传统体育教学理念的一种教学实践和教学影响。阳光体育文化主要注重以下几个方面:1. 自由性。在实践性较强的体育教学中理论教学是基础,多样化的体育活动是根本。户外体育活动的开展是实现体育活动阳光性质的保证,不仅能够增强师生之间的情感交流,也能够吸引学生走出教室,走进大自然。2. 全面性。阳光体育文化不仅关注高校大学生的身体健康的问题,还对大学生的心理健康问题和学习体验非常关注,强调了大学生的身体、心理和情感等多方面的综合发展。3. 主体性。以学生个体作为教学的主体，摆脱传统以教师为主体的教学模式。阳光体育文化的主体性充分提高了学生的主动性与参与感。

二、阳光体育文化背景下高校体育教学存在的问题

体育教学理念滞后。高校的体育教学在素质教育提出后有了多次改革经历，但在体育竞技和体育比赛等多种体育观的影响下，以终身教育为宗旨的素质提升体育教学观并没有得到推广，更不用说阳光体育文化所倡导的快乐体育了。在高校体育课程中，阳光体育和快乐体育的理念仅仅是止于表面。高校体育教学理念的阳光性仅仅是体现在选课自由和体育课程的宽松性上，在贯彻体育的"终身教育"和"健康教育"的理念上还有一定距离。首先是高校的体育课程每周一次，对于高校大学生而言并不能起到学生每天都能"锻炼一小时"的教学条件；其次是高校的体育教学设施和师资配备难以满足学生的个性化体育培养需要。传统的体育教学理念仍然存在于各高校的教学实践中，也正是这些滞后的教学理念在影响着高校阳光体育文化活动的开展。

体育课程的内容和形式有限。高校的体育教学课程内容在体育院系主要是以竞技类内容为主，在其他院校的体育课程中则是以浅尝辄止的体育了解为主，忽视了体育课程内容与体育锻炼之间的有效衔接。这种忽视容易造成高校学生对于体育锻炼的漠视，影响了高校终身体育教育理念的贯彻，切断了高校体育教学与高校学生体育锻炼之间的沟通桥梁。另外，在高校中体育课程是作为学校的公修课进行自由选择的，除了在第一学期开设的公共必修课外，其他的体育班级都是在自由选择的基础上进行安排的，课程内容的自由选择给了学生一定的自由度。但是在缺乏完善的体育认识和重视度的影响下，高校学生选择高校体育课程的首要指标就是容易通过，而不是考虑自身的身体素质要求和锻炼需求。同时，在高校体育教学中也缺乏相应的检测条件和评价。

校园体育文化环境有待改善。校园的文化环境主要是由硬件环境和软件环境两个方面构成，其一是校园内部存在的教学楼、图书馆等教学设施、实验室教学设备等硬件物质要素；其二是包括制度文化、思想观念、学习氛围等在内的影响学生人生观、价值观正确形成的思想和心理方面的各要素的集合。在高校体育教学改革的影响下，各高校的体育教学设施建设都相对齐全，主要存在差异和不足的是校园的体育软环境，包括体育课程在高校教学中的受重视程度和校园体育文化的氛围打造。而这种校园体育文化的打造主要是来自于高校体育活动的开展，如社团性质的体育团体组织校园运动会、校园马拉松等。阳光体育文化的教育理念是"每天锻炼一小时"，要在校园中实现这种锻炼热情，还缺乏强有力的组织领导。社团性质的体育活动开展一般只是由部分学生积极参与组织，没有相对专业的体育教师参与，一方面跟高校体育教师的科研压力和工作压力有关；另一方面跟相关的体育活动组织和指导所付出的辛劳得不到相应认可也有很大关系。在这种情况下，高校体育活动的开展十分微弱，对校园体育氛围的营造作用也十分有限。

三、阳光体育文化背景下推进高校教学改革的措施建议

加大"阳光体育"教学理念的推行力度。教书育人,理念先行。高校的体育教学要树立以"终身教育"为指导的思想,将终身锻炼的体育意识植入学生的脑海,并鼓励学生积极参与阳光下的体育锻炼和体育活动。具体可以从教师和学生两个体育主体身上努力,一方面对高校的体育教师进行定期的"阳光体育文化"教学理念的培训;另一方面通过不同的校园体育活动对学生进行"阳光体育文化"理念的宣传和引导。

丰富体育课程的内容和形式。体育课程内容和形式的丰富性是体现"阳光体育文化"内涵的直接手段,课程的内容提升可以从民族性、创新性和娱乐化几个方面努力。首先是区域化的民族性课程,在不同的地域文化影响下,各高校的校园文化是有差异的,而这些差异体现在体育文化上,主要是在传统的体育项目上,积极开展这些民族性质的体育项目不仅有利于传统文化的传承创新,也有利于高校学生的眼界开阔和增加民族归属感。其次是体育课程形式的创新性,在竞技类型的体育项目上通过创新手段实现可操作性和可接受度,如调整跳高、跳远的要求来实现学生体验的满足感。最后是教学内容和形式的娱乐化,"阳光体育文化"打造的是高校学生的终身体育,并且其范围可以扩展到家庭和社会,在社会兴起"广场舞""跑酷"等运动项目时,高校的体育课程是否能够借鉴这些形式来丰富教学过程,将高校课程"娱乐化"。一方面提高高校学生的体育体验,另一方面这些形式还可以被学生带出校园,走进学生家庭和学生的朋友圈。

打造良好的校园体育文化氛围。要实现"阳光体育文化"的每天锻炼一小时的教学目标,全面开展积极的校园体育文化活动是必要之举。高校校园文化氛围的营造主要是通过各种形式的文化社团和活动举办,如果高校能够把校园体育文化活动的开展归为专门的体育部门管理,做到有组织、有指导、有条件的举办校园体育文化活动,那么,高校的体育文化氛围必然会有所提升。其次,在注重学生的课余体育活动方面也可以出台相应的鼓励政策,诸如体育文化活动参与的评优评奖,党团组织和学生会对体育爱好者的吸纳和鼓励。同时,还可以加强对"每天锻炼一小时"等阳光体育文化理念的宣传和引导,从环境氛围上影响学生的体育意识和锻炼习惯。

第四节　体育文化传承的内涵及在体育教学中的传承

文化是人类社会发展过程中创造的一切物质和精神财富的总称,体育文化是一种有着深刻内涵和丰富外延的文化形式,是人类文化的重要组成。体育教学真正把握体育文化内涵,并在实践中不断总结和反思,做好体育文化的传承与弘扬,不断提升学生的文化素养和艺术品位,培养全面发展的高素质人才,推动我国体育事业的可持续发展。

文化是人类社会发展过程中创造的一切物质和精神财富的总称,体育是人类的伟大创造,是人类在劳动、祈祷、娱乐中创造并不断创新的运动健身和艺术承载形式,体现了人类在发展过程中对自然的膜拜、对自我的超越,表现着人类所特有的精神、信仰、思想。

体育教学不仅要让学生掌握相应的体育运动项目的动作技巧、活动组织规则以及相应的礼仪等，还要让学生能够感知体育文化，做好体育文化的传承与弘扬，不断提升学生的文化素养和艺术品位。在现代体育不断强化的今天，在我国成为世界体育强国的发展道路上，我国需要在现代竞技体育上不断超越，真正培养学生的体育文化素养。

一、体育文化的内涵阐释和意义分析

从大文化的视角来看，体育文化是文化的一大组成部分，不仅有着丰富多样的表现形式，更有着独特的文化内涵，体现人与自然、人与社会发展的复杂关系，展现的是人类的生活方式、人生态度、理想追求、审美创造。体育精神是人文精神的重要构成，人们更加注重物质和精神的协同发展，更加重视身心合一的全面健康发展理念。体育文化的内涵表现为精神、思想和文化礼仪三个方面，进取意识和智慧创造是体育文化的深层结构内核和特殊的精神品质；又表现为一定的公众精神或者团队精神，同时体现出相应的思维方式、价值观以及阶段性和区域性的伦理道德。人们在参与和观赏体育比赛中能够非常强烈的感知这些体育精神带来的深切感动和强烈震撼。体育思想是在体育发展史上人类逐步形成的对于体育的看法和认识，表现为关于身体锻炼、体质强化的认知，在参与实践中需要掌握和遵守的知识、技能、道德、意志品质以及各种规则意识，成为一种全社会认可的共同性体育思想。体育礼仪是体育文化最为具体的表现形式，也是现代体育文化最为突出的标志，以体育道德为核心，是体育运动和比赛中体现公平竞争、竞争律己的行为规范和活动准则。中华人民共和国以后，现代体育运动在我国得到更好的普及和发展，改革开放以后，我国融入世界的步伐不断加快，中国文化的包容性越来越强，现代体育文化已经成为中国文化的重要组成部分，逐步融入中华文化的大母体。尤其是新世纪以来，我国全面融入全球化的格局，中国体育已经在世界体育发展格局中占据举足轻重的地位，中国文化在世界上的影响力越来越强，体育文化也展示中国文化的重要方式。体育教学需要重视体育文化的渗透，让学生能够更好地传承和发扬体育文化，实现中华民族的伟大复兴。

二、体育教学中推动体育文化传承的有效策略分析

优化良好的运动环境，营造和谐的体育文化氛围。体育教学是一项综合性实践指导活动，需要教师和学生在课堂上围绕相关的课程内容开展体育教学实践，更需要让学生沐浴在一定的文化氛围之中，让学生在耳濡目染中受到影响，在潜移默化中不断内化，在相互影响中促进和提升，在生活和学习中感知体育文化的思想、精神，掌握基本的礼仪规则，和文化内涵。文化既需要一定的有形物质载体，更表现为一种氤氲的软环境，表现为一种看似无具体、实则深感其存在的无形氛围，这种氛围被称之为文化效应场。人置身于一种文化效应场时，就会在潜意识中与之发生不同程度的感应关系，在无意识中获得一种知识和思维感应，并在不自觉中逐步具备了相应的格调情韵、文化精神和人格气质。

体育文化就是校园文化的重要组成部分,也是大文化范畴中的重要构成,体育教学需要重视体育环境和文化氛围。在体育教学注重体育文化环境的营造,体育文化氛围的渲染,能够让学生获得思想熏陶和精神浸润,学生在这样的环境中学习体育知识和技能更加高效,起到重要的催化作用。学校在运动场、体育馆以及其他文化长廊中喷绘各种体育造型图,悬挂体育明星图片,定期组织学生收看各种大型体育比赛,尤其是张贴绘制各种体育宣传标语和口号,能够让学生时刻感知体育运动项目、礼仪和精神。

注重体育礼仪讲解实践,渗透体育思想和体育精神。在体育教学过程中,让学生掌握一些常规的现代体育和民族体育运动的动作技巧和组织规则,同时注重体育礼仪的讲解和实践,让学生能够在实践中感知感悟,并在运动中发扬;注重体育思想和精神的渗透,在做好基本动作的同时,感知其内在的思想意蕴,培养他们的体育文化思想。每一项运动除了掌握一定的动作技巧,还要熟悉相关的活动或者比赛规则,做到个体规范和群体规范。正规的比赛之前都有必要的体育礼仪展示。比如,入场时,每位运动员需要相互击掌鼓励,并向观众招呼示意,还要向裁判员以及对手通过握手或者拥抱的方式表达敬意。此时,从观众到解说员到运动员再到裁判,都体现出非常规范的礼仪,直接呈现相应的体育礼仪。同时,"友谊第一,比赛第二"的宣传标语随处可见,并且在比赛中真正秉承这一原则,运动比赛中更能够彰显理解、宽容和尊重等等。这些体育礼仪需要体育教师在课堂上向学生介绍和讲解,更需要在课堂上让学生践行和感悟,真正成为他们运动中遵守的规则,并最终从思想深处感知企业思想和文化内涵,成为一种自觉的行动,并内化为自己的文化修养。拼搏精神和超越意识是体育的又一重要精神,每个运动员需要不断超越自我,不断超越对手,将人的潜能最大限度地激发出来。体育教学中需要强化他们这种体育精神,在运动中逐步培养和强化他们的协作意识,引导每个学生认可并尊重彼此的差异性,并在尊重和配合中获得更多的归宿感、成就感和幸福感。

积极发挥教师的主导作用,创新设计组织各种运动项目。体育教学中传承体育文化,与教师有着非常重要的关系,需要充分发挥教师的主导作用,需要教师在教学实践中更有创意的组织活动,需要创新教学实践方式。教师是整个体育教学活动的引导者、组织者和促进者,教师的思想和综合素质对学生产生直接而又深远的影响,教师本身就是体育文化的直接呈现者,并从不同方面、不同程度地对学生进行直接或者间接的影响。体育教学中渗透体育文化,让学生能够真正领悟体育的文化精神,并在实践中感知和践行,需要教师积极发挥主导作用。教师通过自己的示范,让学生直接感知体育的礼仪知识,设计不同的体育运动项目,让学生更有兴趣来学习运动项目,并感知每项体育运动背后的思想和精神。教师通过各种微课强化他们对体育文化的认同感,并在运动中让学生真正体会体育运动的公平公正思想、团结协作精神。教师有意地将一些平时个性较强、个人能力突出、团结意识相对薄弱的学生分成一组,让富有团结协作精神的学生分成一组,然后组织比赛,让他们直接感知团结协作远远胜过个人单打独斗。为学生设置一些障碍运动项目,或者针对他们的实际有意适当延长运动或者增强强度,让他们能够学会超越,不断拼搏,并在实践中强化他们的意志毅力,真正让他们感知体育的精神和思想。

总之,体育文化是一种有着深刻内涵和丰富外延的文化形式,重视体育教育的科学性和人文性,在体育教学中渗透体育文化思想,传承体育文化。教学实践中需要认真学习和研究,并在实践中不断总结和反思,真正形成自己对体育文化传承的深刻体验和有效经验,实现体育教育的工具理性和价值理性统一,培养全面发展的高素质人才,推动我国体育事业的可持续发展。

第五节　传统民族体育文化与高校体育教学融合

随着教育改革制度的实施,我国越来越多的高校在对体育教学上都已经开始逐渐融合传统的民族体育文化,之所以开始将传统的民族体育文化与体育教学相融合,主要是由于目前高校在体育教学上存在的问题越来越明显。因此本节将重点对我国传统的体育文化和高校体育教学的融合来进行探讨和分析。

我国传统的地民族文化是具有少数民族的特征的,因而其也是由少数民族通过他们的节日习俗来开展的传统体育活动。作为传统的民族体育文化,其在众多优秀民族文化中占有重要的作用。高校在开展体育教学活动是将其与传统民族体育文化相融,使有利于学校培养更多的优秀公民。

一、传统民族体育文化融入高校课堂教学的重要性

关于高校体育师资队伍中存在的问题。在现阶段,我国大多数高校在体育教学中存在或多或少的问题,而存在的问题主要表现在两个方面:一是根据专业的人员判断得出,无论是当今的体育教学还是传统民族的体育,其都存在教师在体育知识的掌握度上过于狭窄,因而其思维方式也比较单一;另一方面,体育教师在敬业精神上不仅缺乏对知识的求知欲望,还对教师之间的竞争没有足够的重视。除此之外,大多数的高校体育教师队伍对传统的民族体育文化甚少了解,尤其是在当今教学中。比如体育教师在对体育的认知上大多知识认为其就是田径、体操等运动项目,对于传统的民族体育文化,则就认为其只是一种普通的游戏方式而已,不能够当成体育。如果这种观念不加以改变,长期下来,会在很大程度上导致越来越多的大学生逐渐遗忘我国传统民族体育文化。

高校体育课堂教学中目前存在的问题。随着社会发展的变化越来越大,我国的社会风气逐渐变得浮躁起来,因而对于传统民族的体育文化也越发得不到重视。这个现象主要表现在以下两个方面:一是一些地方政府在高校体育项目上投入过高,而对传统民族的体育文化没有过多的重视,以至于在对其体育项目上投入的经费也很低;二是在现阶段我国大多数高校中的体育教师不仅严重缺乏对传统民族体育文化的知识和理论,而且还缺乏在教学过程中运用传统民族体育文化的方式来进行教学的能力。因而,将传统民族体育文化融入高校体育教学中是很重要的。

二、传统民族体育文化融入高校体育教学中的意义

有利于促进大学生的心理和身体全面发展。传统的民族体育文化主要有四个方面的基本体征，即民族性、多样性、自然性和传承性这四个方面。传统民族体育文化所带来的作用不仅能够增强我国民族的凝聚力，而且还能促进社会和谐良好的发展。因而，体育教师在高校体育教学过程中融入传统民族体育文化不仅有助于增强学生的心理素质和能力，而且还有效地促进了他们的身体素质的健康发展。

有利于更好地传承我国传统民族体育文化。我国传统民族体育文化主要包括两方面，即传统民族体育文化的物质和非物质文化所包含的成分。这种成分就是民族体育文化当中的知识、内涵、活动规则、场地设计和体育动作的技能技巧等。这种民族体育文化是需要一代一代的传承下来的。关于怎样传承其文化，其实有很多方式都能够传承。在大对数的情况下都是通过学校教育的方式来进行传承的，但除了这种方式还有其他的，比如家庭式的传承或者通过专门的训练活动等都可以。在实际中，学校教育传承的方式更有明显的效果。因而将传统民族体育文化融合进体育教学的过程中是有利于我国民族文化的传承的。

有利于降低高校体育教学的成本。在现阶段高校对开始对体育教学进行改变，也就是将传统民族体育文化融入实际教学中，通过这种方式有效地降低了对体育教学的成本。融入传统民族体育文化主要的原因主要有以下两个方面：一是传统民族体育的教学方式比较简单。由于传统民族的体育在很多运动项目上都比较简便且易学的特征，因而其在一定程度上就能够缩短很多细节上的事情，从而有效提高了体育教师在教学上的有效性；二是传统民族体育很容易学会，因为大部分传统民族体育的教学都是以口传身教的方式来教学，这对学生来说，只要不断练习就能够熟练掌握通过这几个原因就能够促使体育教师利用其条件在教学中进行就地取材来开展教学活动，从而一定程度上降低了学校对体育教学的成本；三是传统民族体育项目较简捷。在现如今社会发展的背景下，传统民族体育文化经过长时间的发展和变化，其中一些体育项目在比赛中操作的规则也变得十分简单，因而学生只要能够熟练掌握其技术要领就能够参与比赛。

三、高校体育教学融入传统民族体育文化的策略

加强培养体育教师对传统民族体育文化知识的掌握。在大多数的高校中都会存在教师对我国传统民族体育文化的偏差这种现象，为了解决这个问题，作为学校的负责人就要加大对其体育教师在传统民族体育文化的培养力度，关于如何培养，负责人可以通过组织体育教师到对传统民族体育文化教学经验丰富的学校去学习。只有这样才能够促进教师提高自身教学的综合能力。

教师在将传统民族文化融合到体育教学中时要根据实际情况来选择合理的教学组织方式。由于传统民族体育文化的特征与现代体育是不同的，因而作为体育教师，在将

传统民族体育文化融入教学中时一定要合理选择组织形式。关于如何选择，教师可以从以下几个方面来着手：一是教师要先了解所选的传统民族体育文化项目的种类，然后再按照它的特点来对其进行选择组织形式：二是教师还要根据教学的实际情况以及学生身体素质的状况来进行针对性的民族体育文化。

综合上述总结出，将传统民族体育文化与高校体育教学相融合不仅改变了传统的体育教学理念，而且还传承了民族文化。作为体育教师在将民族体育文化融入实际教学过程中时一定要根据实际的教学情况来选择合适的组织形式，这样才能够更好地提升其教学质量。

第六节　耕读文化在体育教学中的运用

近年来，中央一号文件都是关于农村的，其中指出农村教育是科教兴国战略的重要组成部分，要培养大批有知识、懂技术的农民，发展现代农业，这就需要广大高中学校培养出优秀的高中生。随着经济的快速发展，人们的生活观念发生了很大的变化，要求更好的教育质量，要有更加强健的体魄。

通过体育教学与耕读文化的有机融合，大力弘扬"耕读、运动、关爱"三大主题思想，着力培育学生自强不息的精神、坚忍不拔的毅力，切实提升高中生的多样化发展。对此，本节对上述内容进行了相关探讨。

一、耕读文化的内涵

耕读是一种文化品位，这正是"耕道而得道，猎德而得德""格物致知"和"知行合一"的思想被融入读书的精神和旨趣之中。在中国历史上，耕读文化反映的是中国文人对于恬淡人生的向往。而在现代社会，人们更多地借耕读文化来保持人生气节，是一种健康的生活方式。有"读"之"耕"，可以明心见性、强健学生体魄、历练意志、修炼品行，掌握基本劳动技能；有"耕"之"读"，促使学生增长智慧，个性成长，担当家庭与社会的责任。

二、耕读文化与体育教学的融合

陶行知指出，学生应当积极参与社会实践活动，在实践中掌握知识，要将学习教育与社会生活相结合。因此，学校倡导以"阳光体育运动"和"社会实践活动"为支撑的"耕读文化"，学校特色就是要弘扬生活教育理论，鼓励学生在实践中学习、在实践中成长。建立以"阳光体育运动"为主要支撑的"耕读文化"特色，就是要全面促进学生"阳光体育运动"持续健康开展，提高体质健康水平，为全面发展打下坚实的身体基础。

树立健康第一的思想，深入开展"阳光体育运动"项目试验。以乒乓球运动和跳绳运动为抓手，依靠"一人一绳、一人一拍"（学生在校每人1根跳绳和1把乒乓球拍），大力开展体育运动，培育学生的健康意识和锻炼技能，养成自觉锻炼的习惯，切实把阳光体育思想落到实处。

（一）耕读理念在乒乓球教学中的运用

高中体育课堂是学生锻炼身体的主要阵地，因此，教师要重视课堂体育的锻炼活动，提升他们的身体素质。在我国，乒乓球是国球，也是一个世界流行的项目。在此情况下，我将乒乓球运动作为学校"耕读文化"特色建设的一个切入点，就具有深刻的现实意义。乒乓球运动在我校具有悠久的历史传统，是我校的传统项目。在学校进一步发展乒乓球运动的背景下，体育教师就需要加强指导工作，保证学生的运动时间，从而帮助他们拥有健康的体魄。

在讲授乒乓球时，我会指导学生展开积极训练，要求他们进行对攻，左、右手练习，注意身体动作的协调性和进攻的准确性。其中，学生要徒手进行步伐的训练，训练自身脚步的灵活性，提高身体的灵敏度。随着课程的进行，我发现有的学生心不在焉、有些疲惫，在此情况下，果断喊停，将他们召集在一起。我为学生讲述了我国乒乓球队的一些历史，讲述了乒乓球队员奋勇拼搏、勇夺世界冠军的故事。在讲述完后，我发现学生的精神状态有了很大的变化，每个人都想继续进行运动。通过奥运冠军的故事，学生能够体会到体育锻炼的艰苦性，磨炼了自己的意志，从而养成遇到困难不轻易放弃的意志品质，最终将自己锻炼成为一名拥有正确人生观和健康体魄的学生。

（二）耕读理念在跳绳教学中的运用

跳绳是一项非常有效的有氧运动。除了拥有运动的一般益处外，还有消耗热量、增强肺活量等很多独特的优点，特别是对心肺系统等各种脏器都有相当大的帮助，可以增加肺活量，减小患结核病的几率，从而达到强身健体、提高高考体检合格率、为高校输送合格人才的目的。跳绳运动所需的装备十分简单，只需一根绳、一身轻便衣服及一双适当的运动鞋便可。此外，跳绳还有不择场地、参与人数灵活等特点，是一项简单方便、容易参与推广的运动。因此，教师要进一步加强对这项运动的引导，使学生在运动中健身，在健身中培养品质、磨炼意志。

根据高中生的身体特点，我在课堂上引入了跳绳运动，通过此运动来提升学生的身体素质和协调能力，但是由于初始的教学经验较为缺乏，导致教学手段单一，学生学起来很吃力，也没有兴趣。于是，我设计了花样跳绳的方法，通过多种练习方式（如单人、多人等），培养学生对跳绳的兴趣，使他们形成良好的团队协调能力，开拓其思维，从而实现全面发展。如，以跳大绳为例，我要求全体学生排成一队竖直的队列，指导他们按照各种动作（并脚跳、收腿跳等）前进。在此情况下，学生能够养成良好的团队协调能力，尽量地帮助跟不上节奏的其他同学，从而形成互帮互助的班级良好氛围。

随着素质教育的全面深入和学校自身发展的需要，走特色发展之路，提高课堂教学水平，既是时代的召唤，也是教师充分发掘自身潜力、适应社会快速发展的必由之路。作为教育者,我们有责任和义务深入思考、认真策划、扎实推进,为转变教育观念、促进教育发展做出积极的尝试和有益的探索。我提出"耕读文化"特色发展理念,并将其应用于高中体育教学之中,正是基于学校实际情况提出的特色发展思路,也是推进课堂特色发展、科学发展的切实之举。

第七节　彝族传统体育文化融入高校体育教学及校园文化建设

运用文献资料、问卷调查、数理统计等方法,对彝族传统体育文化融入高校体育教学及校园文化建设进行研究,充分挖掘彝族传统体育文化的教育功能,提高彝族传统体育文化在高校体育教学及校园文化建设中的地位,开发彝族传统体育文化校本课程,形成特色办学。

彝族传统体育是我国少数民族传统体育之一,它源于人们的生产生活,产生于军事战争,起源于民风民俗并且与该民族的传统节日相结合,其表现形式为歌、舞,其内容包括:对英雄人物的纪念及崇拜,对美好爱情的向往,对丰收的喜悦等,是在一定的社会历史条件下,人们物质生活与精神生活同文化相结合的体现,是特定历史时期的产物。彝族传统体育文化是我国及世界文化宝库中的一颗灿烂明珠,是中华文化的有机组成部分。彝族传统体育文化在高校的传承是一项非常重要的传承内容,本研究在非物质文化遗产视角下将彝族传统体育文化融入高校体育教学及校园文化建设中,旨在弘扬彝族传统体育文化,丰富高校体育教学内容,加强校园文化建设。

一、彝族传统体育的特征及传承现状

(一)彝族传统体育的特征

1.民族性

民族性指各少数民族体育项目所表现出来的物质文化、行为文化、制度文化与精神文化中的特殊性与象征性,也体现出不同地域、不同语言、不同经济生活方式民族的传统体育文化的差异性。民族性是彝族传统体育最大的特点,也是最显著的特征,是在特定历史时期,彝族先民们在一定经济、文化水平条件下形成的,具有本民族风格形式及特色的体育活动,是区别于其他民族的本质特征。

2.地域性

彝族主要分布在西南地区、云南省的昆明、四川省的凉山、贵州省的黔西,以及广西壮族自治区。特殊的自然生态环境,特殊的地理位置,独特的经济文化、宗教信仰、民俗节庆活动形成了多元化的民族文化的独特性。

3. 自然性

彝族传统体育起源于人们的生产生活，从彝族传统体育的起源可以看出它来源于自然环境，其动作的形式多来源于自然界的动物，同时所需的器材来源于生产劳动中，所用的场地来源于田间、地头、森林等。彝族舞蹈动作很多来源于人们劳作时的动作。

4. 传承性

任何一个民族的传统体育及文化能延续至今，都是一代一代人随着时间的推移、社会的发展传承下来的，彝族传统体育也是如此。

（二）彝族传统体育传承现状

彝族传统体育有几十项之多都属于非物质文化遗产，其中具有代表性的彝族传统体育项目有：摔跤、斗鸡、赛马、打磨秋、爬油杆等等。随着社会发展，人们对非物质文化遗产保护越来越重视，很多项目入选国家非物质文化遗产名录，还有很多项目被列为省市级非物质文化遗产名录，且逐步形成了彝族传统体育的多级保护名录体系。随着社会经济的发展，西方体育的强势渗透，城镇化及风俗习惯、生活方式的改观，使彝族传统体育项目发生了巨大变化，很多项目逐渐被遗忘，甚至消亡。因此，传承与发展彝族传统体育文化，迫在眉睫。

二、彝族传统体育文化融入高校体育教学及校园文化建设的意义

（一）传承少数民族文化，弘扬民族精神

我国是一个统一的多民族国家，在几千年的文明发展过程中，创建了丰富的物质文化遗产与非物质文化遗产，它集合了人类的创造力、想象力及智慧，是人类劳动的结晶，同时也生动展示了人类文化的多样性。正如联合国教科文组织通过的《保护非物质文化遗产公约》中对非物质文化遗产定义一样，"非物质文化遗产"是指被各群体、团体，有时为个人视为其文化遗产的各种实践、表演、表现形式、知识体系和技能及有关的工具、实物、工艺品、文化场所。从该定义可以看出：非物质文化遗产见证了历史的发展，集中了具有重要价值的极其珍贵的文化资源，汇聚了各民族智慧与文明，是各民族特有的思维方式、想象力和文化意识的体现，是一个民族或族群文化生命密码的承载，同时也是民族精神文化的重要标识。彝族传统体育文化是我国民族文化中的一颗灿烂明珠，在高校体育教学中传承与发展彝族传统体育文化，可以弘扬彝族传统体育文化，弘扬民族精神。

（二）丰富高校体育教学内容，促进教学改革

随着时代的发展，现有的教学内容已不能满足学校的发展及学生的需求，迫切需要增加较多的体育教学内容，彝族传统体育项目种类繁多，简单易学，所以能顺应时代的发展，很多彝族传统体育项目可以作为教学内容或者经过改编后作为教学内容，供学生学习。

响应国家号召,促进学校发展,体育教学改革成了学校必不可少的一项任务。为了贯彻落实教育部国家、学校、地方三级课程管理制度,在国家《体育与健康课程标准》和地方《体育与健康课程实施方案》指导下,依据各校学生自身性质、特点、条件及可利用和可开发的体育资源进行体育课程改革。彝族传统体育作为符合这一要求的项目被纳入了很多学校体育教学改革。

(三)丰富校园体育文化,加强校园体育文化建设

校园体育文化包括体育物质文化、体育精神文化和体育制度文化,其中体育物质文化包括肉眼直观可见的体育场馆、体育设施、体育器材、体育服饰、体育用品等;体育精神文化包括体育精神、意识、道德、价值观等;体育制度文化包括体育政策、法律法规、规章制度等。体育物质文化、体育精神文化和体育制度文化三项内容密不可分,相辅相成,缺一不可。彝族传统体育文化作为民族文化的重要组成部分,其有助于加强学校的体育物质文化建设,丰富学校体育精神文化建设,完善学校的体育制度文化建设。

三、彝族传统体育文化传承的原则

(一)以人为本原则

在彝族传统体育文化传承过程中以人为本原则主要体现在三方面:首先,要求在彝族传统体育文化传承过程中必须尊重人,这是保持其传承的首要条件;其次,以人为本体现在彝族传统体育文化在传承过程中必须依靠人来传承与发展,人是传承主体;第三,以人为本体现在彝族传统体育文化在传承过程中被传承人也是人,人是传承的客体。彝族传统体育文化传承过程中的以人为本的三个方面紧密联系,缺一不可,在传承过程中,不尊重人的传承会导致整个传承失去生命,传承的主体和传承的客体都是人,传承过程都需要人的参与,失去了传承人,彝族传统体育文化将无法传承下去,同样,没有了被传承人,传承过程也将中断。

(二)原始性和真实性原则

在传承与发展过程中要保持彝族传统体育文化的原生性、真实性,不能违背了它的原本的、真实的价值,否则就失去了传承与发展的意义及价值。虽然社会发生了变化,传承方式也发生了变化,但是彝族传统体育文化的原本性、真实性不能改变,这是其传承的"魂",没有了"魂",就失去了本身存在的价值。

(三)整体性原则

在彝族传统体育文化传承与发展过程中要保持彝族传统体育的整体性,必须与生态环境一起保护,同时还要保持彝族传统体育文化的文化整体性,不能零散地、局部地传承,否则也失去了传承的意义和价值。

（四）创新性原则

彝族传统体育文化在传承与发展过程中，除了保持已有的传承方式外，为了适应社会及经济的发展，为了避免彝族传统体育文化的衰落及消亡，在对其进行传承过程中要进行创新，这是彝族传统体育文化得以世代传承的关键。时代在进步，社会在发展，环境在变化，外来文化的介入以及民族之间的联系增多，都会导致彝族传统体育及彝族传统体育文化原本的生存环境发生变化，如果在传承过程中，没有进行传承创新，可能会导致彝族传统体育体育及文化的消亡。

四、彝族传统体育文化融入高校体育教学及校园文化建设的策略

（一）充分挖掘彝族传统体育文化的教育功能

彝族传统体育文化功能较多，其中最重要的功能是教育功能，其教育功能主要体现在：第一，传授生产及劳动知识，彝族传统体育起源于人们的生产生活中，很多项知识技能能延续至今，离不开一代一代彝族人民的传授；第二，传授生存及生活技能，彝族先民们生活的环境基本属于山区，交通极为不便，生活环境较差，为了生存与生活，彝族人民必须一代一代传授生存及生活技能；第三，磨炼意志品质，彝族传统体育的很多项目对人类的意志品质磨炼都非常有帮助，比如摔跤等项目；第四，培养团队协作精神，增强民族凝聚力，彝族人民在几千年的发展过程中，在特定的历史时期，在特定的生存生活环境下，只靠某个人的努力想生存下来，几乎是不可能的，需要团队的协作，在这样的生存条件下产生的彝族传统体育项目自然就具备了培养团队协作的精神，同时，彝族传统体育项目在长期的发展过程中也增强了民族凝聚力；第五，传承民族传统体育文化，一项民族传统体育项目的产生、发展包含了一个民族的体育文化，在几千年发展过程中，一代一代传承的民族传统体育项目，同时也传承着民族传统体育文化。鉴于民族传统体育以上众多的教育功能，民族传统体育项目及民族传统体育文化传承最好的地方是学校。因此，充分利用高校这一教育场所，开展彝族传统体育，加强校园文化建设就成了必然。

（二）提高彝族传统体育文化在高校体育教学及校园文化建设中的地位

彝族传统体育文化是民族传统体育文化的重要组成部分，是人类集体智慧的结晶，必须要一代一代传承下去。在众多传承方式中，在学校传承是最佳的传承方式，因为学校有适合传承的场所、场地等，有传承的教师及接受传承的学生。学生又可将彝族传统体育文化传承出去，同时，高校还有进行科学研究的团队、研究中心、普及基地等，对彝族传统体育文化进行科学研究，将成果应用到传承上面，更有利于其传承。因此，在高校传承彝族传统体育文化过程中，要加强科研团队建设，加大经费投入，促进彝族传统体育文化传承。

（三）开发彝族传统体育文化校本课程，形成特色办学

在国家《体育与健康课程标准》和地方《体育与健康课程标准实施方案》指导下，依据各高校学生的情况及可利用和开发的资源，开发彝族传统体育校本课程，其目的在于提高高校教师的专业水平，满足学生需求，探索多元的人才培养模式，从而构建多元化的体育课程体系，形成办学特色。

（四）加强彝族传统体育文化传承高校教师队伍建设

虽然高校教师具有较高的学历、较强的专业知识及业务能力，但是在传承彝族传统体育文化建设过程中还需要进一步加强学习。因为并不是所有高校教师对彝族传统体育都熟悉、精通，可以做到精准传承。

彝族传统体育具有民族性、地域性、自然性、传承性等特征，彝族传统体育文化融入高校体育教学及校园文化建设具有传承少数民族文化，弘扬民族精神，丰富高校体育教学内容，促进教学改革，丰富校园体育文化，加强校园体育文化建设的意义。

参 考 文 献

[1] 曲宗湖,杨文轩.学校体育教学探究 [M].北京:人民体育出版社.2000.

[2] 李元伟.科技与体育—关于新世纪体育科学技术发展问题 [J].中国体育科技,2002,38(6):3-8,19.

[3] 徐本立.运动训练学 [M].济南:山东教育出版社,1990:228.

[4] 王智慧,王国艳.体育科技与体育伦理辨析 [J].体育文化导刊,2016(6):146-148.

[5] 曹庆雷,李小兰.前沿科技与体育 [J].山东体育科技,2004,26(1):37-38.

[6] 董传升."科技奥运"的困境与消解 [M].沈阳:东北大学出版社,2004:15.

[7] 张朋,阿英嘎.科技与体育的对话—利弊述评 [J].福建体育科技,2015,34(4):1-3.

[8] 谢丽.从奥运会比赛成绩看运动器材的变化 [J].体育文史 (北京),2000(4):52-53.

[9] 杜利军.奥林匹克运动与现代科学技术 [J].中国体育科技,2001(3):6.

[10] 于涛.从哲学角度再认识身体对揭示体育本质的意义 [J].上海体育学院学报,2008 (3) :18-20.

[11] 张洪潭.体育的概念、术语、定义之解说立论 [J].西安体育学院学报,2006 (4) :1-6.

[12] 张庭华.走出体育语言——从语言学界的共识看媒体体育语言现象 [J].体育文化导刊,2007 (7) :50-53.

[13] 爱德华·萨丕尔.语言论 [M].北京:商务印书馆,1985.

[14] 于涛.体育哲学研究 [M].北京:北京体育大学出版社,2009.

[15] 董文秀.体育英语 [M].北京:人民体育出版社,2009.

[16] 伊恩.罗伯逊.社会学 (下) [M].北京:商务印书馆,1991:719.

[17] 汪寿松.论城市文化与城市文化建设 [J].南方论丛,2006 (3) :101.

[18]R.E.帕克.城市社会学 [M].北京:华夏出版社,1987:41,154.

[19] 乔尔.科特金.全球城市史 [M].北京:社会科学文献出版社,2006:3.

[20] 卢元镇.体育社会学 [M].北京:高等教育出版社,2001:211.

[21] 乔治.维加雷洛.从古老的游戏到体育表演 [M].北京:中国人民大学出版社,2007:107

[22] 王祥荣.生态与环境——生态可持续发展与生态环境调控新论 [M].南京:东南大学出版社,2000:55.

[23] 郑杭生 . 体育学概论新编 [M]. 北京：中国人民大学出版社，1987：345.

[24] 周爱光 . 体育本质的逻辑学思考 [J]. 武汉体育学院学报，1999(2)：19-21.

[25] 熊斗寅 ."体育" 概念的整体性与本土化思考：兼与韩丹等同志商榷 [J]. 体育与科学，2004(2)：8-12.

[26] 王春燕，潘绍伟 . 体育为何而存在：20 世纪 80 年代以来我国体育本质研究综述 [J]. 体育文化导刊，2006(7)：46-48.

[27] 宋震昊 ."体育" 本体论 (二)：体育概念批判 [J]. 南京体育学院学报：社会科学版，2006(3)：1-6.

[28] 胡科，虞重干 . 真义体育的体育争议 [J]. 南京体育学院学报：社会科学版，2010(4)：59-62.

[29] 张军献 . 寻找虚无上位概念：中国体育本质探索的症结 [J]. 体育学刊，2010 (2)：1-7.

[30] 崔颖波 ."寻找虚无的上位概念" 并不是我国体育概念研究的症结：与张军献博士商榷 [J]. 体育学刊，2010(9)：1-4.

[31] 何维民，苏义民 ."体育" 概念的梳理及匡正 [J]. 武汉体育学院学报，2011(3)：5-10.